Ⓢ新潮新書

菊池明光
KIKUCHI Akimitsu

とにかく可視化

仕事と会社を変えるノウハウ

1042

新潮社

まえがき

社長・マネジャー（部長・課長）の皆さん、こんなモヤモヤありませんか？

「うちの会社って、会議多くない？　会議時間長くない？　何をそんなに喋ってる？」

「うちの社員は〝会議＝仕事〟って思ってるんじゃないか？」

「せっかく議事録取ってるのに、毎度毎度、また同じ話してない？」

「決めたことがころころひっくり返ったり、続かなかったり。やるべきことが進まない！」

「あげくの果てに〝人を増やしてくれ〟って。生産性上げる努力してる？」

「うちの営業はちゃんと商談をしてるのか？　現場が見えない」

社員の皆さん、本音ではこんな風に思っていませんか？

「うちの会社の会議長いし面倒。他にやることあるんだけど」

「毎回、社長が訓示述べてる。そんなのいいから具体的にどうすべきか言えばいいのに」

「うちの社長・マネジャーは漠然としたことばっかり言って、どうしていいかわからん！」

「偉い人達が色々会議してるみたいだけど、その内容が全然現場に落ちてこない」

「うちの会社どこ向かってる？　私は何を要望されてる？　とにかく毎日忙しい！」

「商談の履歴が残っていなくて、営業進捗が追いづらい、成果出にくい」


そのモヤモヤ、実は多くの企業が抱えているものなのです。しかもずーっと解決できていません。

やり玉にあげられることが多い、「日本の企業の生産性」。筆者はそれを日々感じています。会議・商談＝リアルタイムに会話をする場面は、労働時間の多くを占めます。多い人で労働時間の50〜90％！　人生の多くを仕事に投下しているわけです。人生においても会議というアクションに費やされる時間は相当なものになるかと思うとゾッとしますね。人生＝会議なんて言い方もあります。ぜひ一度人生における会議のシェアを〝可視化〟してみてください。方法は後述しますね。

営業コンサルティングの仕事をしている筆者が日々接する多くの社長や営業本部長を担う役員の皆さん（以降、経営層と呼びます）は当然のことながら「営業組織の業績をあげたい」と思っているのですが、「それなりに手を打ってきたものの効果が出ない」と頭を悩ませるケースがことのほか多いです。有名企業や「優秀な営業がたくさんいる、営業が得意な〝営業強者〟」と言われる企業ですらそうなのです。そこで労働時間の大半を占める会議・商談の品質チェックを皮切りに何が問題なのか？　発生要因は何か？を追いかけていくと……「ムダな会議・商談が本当に多い」ことに行き当たります。

私も含めてホワイトカラーの仕事は「情報交換・編集」と言えるでしょう。ちょっと変わった見方ですが、実際のアクションだけで言えば、喋るかメールするか資料を作るかで毎月お金がもらえます。会議や商談は情報の交換・編集の場。その交換・編集の効率が圧倒的に悪いというのが企業の生産性に大きな影響を及ぼしていると考えています。

その特徴とは、アジェンダ（議題）が設定されていない、ゴールが設定されていない、必要なメンバーがアサイン（割り当て）されていない、会議中の話者が限られる、影響力を持つ人だけが話をして物事が決まっていく……、報告なのか相談の連絡なのかわからない（そもそも報告や連絡を会議にする意味もないし、相談や議論、ディスカッションだけを会議にすればよいのですが）……といったところでしょうか。

さらに相談や議論、ディスカッションの生産性が低いこともまた非常に問題だなと感じます。なぜ低いのでしょうか？

それは、「誰が何を言ったのか耳だけで記憶しながら思考を巡らせて、会議をするから」――。喋っていると、会議をしている本人たちは仕事をした気になってしまいます。一方、議論の流れが目に見える形になっていなければ、あるいは結論だけがあって背景が分からなければ、その議論が形に残ったと言えません。形が残らなければ、その議論や会議は〝やっていなかった〟と同じ。やった気になったということだけが残るのです。

株式会社リクルートで今は大変出世している元上司の熱いメッセージが忘れられません。ある四半期キックオフメッセージの中に「伝わらなかったら、伝えていなかった＝無かったことと等しい」とのコメントがありました。私は今もなおそれを肝に銘じており、まさにそういうことが日本全国の会議・商談で起きていると日々実感しています。

そして、この解決策が本書で紹介する「眼前可視化」というノウハウになります。会議・商談時にリアルタイムに目の前で議事録を書きながら「議論を可視化しながら会議を進行する」という極めてシンプルな方法で、これにより議論を深め、蓄積していくことを目的としています。

このノウハウは当社の顧客である、シスコシステムズ合同会社、リクルート、株式会社日本M&Aセンターホールディングスなどの営業強者と言われる企業の某部署でも「これが生産性向上の1丁目1番地だ」という理解・納得のもと、積極採用していただいているものです。各社の経営層・マネジャーの皆様のゾッコンぶりについては第22項で紹介していますが、ここである社のキーマンの言葉に触れておきましょう。

「可視化の1番のメリットは結局、『共通言語化できる』こと。可視化されていないと組織課題みたいなことについてもどういうふうに話して良いのか、どういうパターンがあるのかがわからないのです。この手法にはものすごいノウハウがあるんじゃないか？ということでもいざ可視化するとキーメッセージは1つしかないとか、顧客へのアプローチの仕方も3パターンしかない、なんていうこともありました。当社の場合、抽象的な議論を可視化することが多く、抽象的な情報は耳よりも目で見る方が理解できる場面もあります。『あ、これならできそう！』というところまで可視化することで共通認識を持つことができます。

最近、『会議をどう進めていいかわからない』と顧客から相談されることが多くあります。運営面で成功している顧客の会議録音を3回聞いてノウハウ抽出しようと思いましたが、聞いただけではどう類型化していいかわかりませんでした。一方、文字起こしをしてみたら、具体・抽象の峻別が格段にしやすくなりました。

大事なことは、一旦聞いたままを書いてみること。自分で咀嚼して文字にする、理解できていないのに自分で編集して書いてしまうのはダメですね。聞いた通りに相手の言った通りに可視化することで、理解が深まります。授業を聞いてもわからないけど、教科書を読んだらわかったという経験をしたことがある人もいると思いますが、これに近い印象があります。わかっていないと思うなら、言われたまま書いてみるのが大事。営業でも企画でも、話がわからないという場面があれば、そのまま書いてみようとアドバイスしたいです。『聞いてわからないなら文字で起こす』が肝要です」

さて、リクルートの名前を出したので、私の簡単な自己紹介をさせて頂きます。

《2001年、㈱リクルートに入社し、飲食店などの集客支援を目的とするホットペッパー事業に主に在籍。13年間で営業〜企画〜マネジャーまで幅広く関わり、営業時代は万年ビリから、MVP常連までを経験。14年リクルート退社後、2社のベンチャー企業勤務を経て、16年に㈱可視化を創業。リクルート流の営業極意と「ノウハウ可視化」力を武器に7年で累計90社の営業組織を強化。属人的営業ノウハウの標準化(類型化)・営業資料作成・営業メンバー・マネジャー層育成まで支援中。

「営業が強い」と言われている超有名企業から中小企業まで、業種・規模を問わず「ノウハウ可視化」をコンサルする毎日。できないオジサン・くすぶった若手・迷子なマネジャーの再生・成長を得意とする》

といったところになります。万年ビリ経験があるため仕事ができない人の特性とそれに対する打ち手(取るべき手段)を適切にアドバイスすることができます。

ところで、会議・商談での議事録、それをその場で参加者・顧客とリアルタイムに共有=「見せながら」議論している人はどれくらいいますか?

政治家の言葉が支離滅裂だと指摘され、笑いの種にされることがままありますが、あれを笑っていられる人はそう多くないんですね、実は。彼らは私たちの映し鏡のようなもので、営業強化のコンサルタントとして多くの企業の経営層の皆さんと会話をしてきた中で、彼らの話したことを目の前でその通りに書いていくと、いかに言葉の定義が曖昧であるのか、論理が破綻しているのか、目的や手段が混在しているのか、同じことの繰り返しなのか、などの欠点・歪み・ノイズに気付くことが少なくありません。

眼前にて議事録を可視化すると経営層の方たちは自分が何を言っているのかを正しく理解できます。そしてそれを踏まえて次の展開へと思考を進めることができ、議論の生産性が飛躍的に向上します。また言った・言わないが非常に少なくなり、議論が巻き戻ることも少なくなり、巻き戻すとしてもどこに戻るべきか瞬時に判断可能となり、これも議論の生産性向上に寄与します。

では本編をスタートしましょう。最初から読み進めていただいても、目次を眺め、気になるところから読み始めても、どちらでもＯＫです。意識したのは、うちの会社でも「それあるな」と思っていただける「生々しい」内容を多く盛り込み、具体的かつすぐに使えるノウハウ紹介にしようとしたところです。

主に中小企業の社長の皆様や、企業規模問わずメンバーを持つマネジャーの皆様には耳の痛い話も沢山入っています。実際、「可視化さん、それ胸が締めつけられます、図星です、はい私が悪かったです」などと顧客がおっしゃったことばかりですので、恐らくご理解・共感いただけるかと思いますし、それは解決していかなければならない！と熱い思いも込み上げてくるとこれ以上の喜びはありません。

とにかく可視化　仕事と会社を変えるノウハウ◆目次

まえがき　3
1　「なんでそんなに他責？」「おまえ、クビ」の衝撃　17
2　営業ビリからたどりついた最強ノウハウ「眼前可視化」　27
3　人生をダメにする「ムダ会議」から「決める会議」へ　43
4　人によって言葉の「定義」がズレた会議はリスク大　57
5　相手のトークは順番バラバラ、多忙なキーマンの「朝令朝改」に伴走　63
6　粗くても即送付で認識共有例：眼前可視化ノウハウ①　69
7　タイプ術とアジェンダ設定：眼前可視化ノウハウ②　81
8　ファシリテーションのコツ：眼前可視化ノウハウ③　96
9　相手の発言は「金言」、心の矢印は常に相手に向ける　110
10　若手の「わかったふり」、安易な「なるほど」の危険　121
11　議論をスムーズにする「枕詞」テクニックと決めゼリフは「いま御社が……」　125
12　老舗企業が陥る「ニーズ対応専門営業」という罠　135

13 「経営の意図が落とし込めない」が現場を疲弊させる 139
14 経営層の嘆きランキング1位「マネジャー（部長・課長）が頑張ってくれれば……」 152
15 できるマネジャーは仕事のレベル感とメンバーの気持ちがわからない 158
16 失敗要因ランキング1位は「時間がなかった」問題 164
17 経営層の「ざっくり解像度」が最悪の事態を招く 170
18 可視化すべき情報①：誰が何に何時間使っているか 178
19 可視化すべき情報②：誰に何を任せてどう評価するか 189
20 可視化すべき情報③：優秀な人のノウハウを継承する 194
21 可視化すべき情報④：「秘伝のタレ」で「わかる→できる」に 204
22 弊社は「可視化」でこう変わりました 209
あとがき 220

1 「なんでそんなに他責？」「おまえ、クビ」の衝撃

ずっとビリの理由

私は2001年にリクルートに入社以来、2年ほど営業でビリでした。あまりにも仕事ができなかったからです。例えば、同期が26歳頃にはマネジャーになり始めていたのに対し、私がマネジャー任用を拝命したのは33歳でした。可もなく不可もなしの平々凡々な仕事力だったと思います。その最大の要因のひとつが「マネジャーや先輩・同僚の言うことを一発で理解できない」という情報処理能力、いわゆる地頭の悪さにありました。

リクルートで重責を担うマネジャーや先輩の方々は、頭が良く修羅場も数多く体験し、成果も相当出してきた人たちです。論点はシャープ、問題発生要因の特定能力に秀で、圧倒的当事者意識を背負って詳細・各論までを思考しながら成果に結実させてしまいますし、何よりスピード感が異常なのです。

それに対して私は視野狭窄に陥り、興味関心の対象が自分自身にしか向いておらず（この点については詳細後述）、自分が嫌われずに周囲からほめられるにはどうすればいいかが重要なテーマでした。

さらに、仕事の優先順位を理解できず、「マネジャーも先輩も忙しそうだから、自分でなんとかしよう、そっちの方がほめられるかも」といった考えのもと、仕事を進めていました。「頼まれた順」に仕事をしていては得られる効果はそう高くないことは明らかでしょう。

その結果、新人で配属された部署の中で労働時間超上位、ナレッジマネジメントのイントラサイト閲読時間数トップ、営業成績はずーっとビリという、「働きまくって成果は出ず」という状況を生み出してしまっていました。加えて、「俺は一生懸命やってる、俺は悪くない」という最悪と言ってもいいスタンスを持ち合わせてしまっていました。お恥ずかしい限りで、マネジャー・先輩方、大変申し訳ございませんでした。

ちなみにこういう新人って結構いませんか？　いわゆるプライドが高くて歯向かってくる割に仕事ができない・成果が出ない面倒な新人というものかもしれません。ベテラン層でも一定数いるように感じますが、そういった面々のプライドを損なわず、前向きな方向に着地してもらうのはとっても骨が折れることですよね。

新人時代はずっとビリ、自分の能力や努力がNGなのではない、何か他のところに理由がある！　と思い込んでいた私は、いわば「他責」思考その人でした。

他責坊主、爆誕！

〈ねえ、なーんであんた、そんなに売れないいんだろうね！〉

ある時100名は入る大きな会議室の端っこにマネジャーに呼び出され、2人きりになった際に私へ向けられた言葉がこれ。会議室にいたマネジャーの目に浮かんでいたのは、叱責でも呆れでもなんでもなくシンプルな疑問でした。ちなみにこのマネジャーは読書の鬼で、山のような本で埋まったデスクに陣取ってパソコンを叩き、仕事がメチャクチャできる女性でした。小柄で痩せていて短髪、鋭い眼光の持ち主で、ルイ・ヴィトンのビジネス用バッグが右手にいつもありました。

話していくうちに、「なんであんたはそんなに他責なんだろうか？」と彼女はポツリと言いました。「あんたはさ、売れないことを他人や他の要因のせいにしすぎだよね。小手先の営業テクニックを磨くことよりもまず先に、基本のスタンスがまるでなっていない」とのこと。はい、おっしゃるとおりです……プライドが崩壊していく音が聞こえるようでした。

彼女は、「なぜ他責にするのか」について、「なぜ？　なぜ？　なぜ？」を繰り返しながら、私の幼少期にさかのぼってとことん掘り下げてヒアリングしてくれました。その結果、「私が小学5年生の頃、所属していた少年野球チームの山本くんにいじめられたことがあり、その原因は山本くんが通っていた塾で抱えていたストレスを僕にぶつけ続けていただけだったということがわかり、『悪いのは僕じゃないのか』と認知し、『他責街道』まっしぐらに突き進んで社会人になってしまった」という結論に至りました。

こんな風に「自分の作られ方」を深く振り返ったことがなかったため、改めてこのマネジャーのヒアリング力と情報整理力、要因分析力に感嘆しましたし、このとき初めて「自分は自分が思っている以上に他責だった」ということを痛感しました。そして、ここまで自分を掘り下げてくれて、向き合ってくれた当時のマネジャーには感謝しかありません。

とはいえ人はそう簡単に変われるものではありませんね。オフィスにおいて周囲の協力を得られず、と言うかサポートを拒否してしまっている状態でした。どんどん内にこもり、周囲が見えなくなり、入社した年の夏休み、実家に帰った時に、「これではダメだ」とバリカンで坊主にしてしまいました。坊主にすれば何かが変わるんじゃないか？　そんな切迫した感情からでしたが、独りよがりな思いこみの結果だったのでしょう。

夏休み明けに出社したら当然のことながら「あんた、なに坊主にしてんの？　それで営業できると思ってるの？　まずは髪の毛生やしなさい！」と死ぬほど叱られてしまいました。そんなレベルの低いことで叱責しなければいけないマネジャーの気持ちになってみろ！　と当時の自分に言いたいですね。

大好きな先輩から三行半

そんな腐った入社1年目。新人1人に対し、1つ年長の先輩が1人メンターとしてあてがわれていました。私のメンターは昨年新人王だった超優秀な先輩。面倒見がとても良い方で、最下位を取り続ける私にずっと「お前ならできる」と声をかけ、期待をし続けてくれた人でした。商談の度に「準備はできたか？」と確認してくれて何度も営業に同行してくれました。そんな優しい先輩が入社からメンターについてくれていたものの、1年間ずっとビリ。そして事件は起こりました。入社初年度の最終日に営業〆会が開かれ、せめて飲み会だけでも盛り上げなければと気負ったせいで、新人でビリの私が酔いつぶれてテーブルに突っ伏して寝てしまったんです。

〈1年間おつかれ。おまえ、クビ〉

先輩は私の両目を見据えるように、冷たく一言だけ言って帰ってしまいました。寝起きでぼんやりした頭でその言葉を聞いた瞬間、私は一気に目が覚めました。先輩の心の底からの激怒に対しての申し訳なさ、期待を裏切り続けたことに対しての情けなさ。もう本当にいろんな感情が交ざって、こらえきれず涙まで出てくる始末。帰ろうとする先輩を雨の中必死に追いかけて、雨粒なのか鼻水なのか汗なのか涙なのか、とにかく色んな液体で顔面ぐちゃぐちゃな状態でなんとか先輩を呼び止め「あと少しだけ一緒にやらせてください！　心入れ替えます！」と震えた声で伝えたことを今でも覚えています。

23歳、豪雨の新橋駅。やっと、私が本気になった瞬間でした。先輩は「わかった。明日からもう一度やりなおそう」と言ってくれました。1つ上の先輩が私をクビにする権限はないですし、発言自体は今で言えばパワハラ・モラハラの範疇にあるものですが、私にとってはとてもありがたい一言だったと感じています。

その後は周囲の先輩にひたすら聞いて学んで真似てを重ねる中で、なんとか営業目標達成率120％に。ただ業務能力は低い状況で、ミスも多く、商談に持っていくべき資料を忘れてしまい、マネジャーに資料をプリントアウトして持ってきてもらうこともありました。ポンコツぶりは変わらずでした。

横浜中華街で人生再起動

入社2年目の後半を迎え、飲食店などの集客支援を目的とするホットペッパーの横浜編集部に配属されました。異動後、1年位でそこそこ実績があがり始めましたが、まだ突き抜けた成果が出ない毎日でした。難しすぎる会社だったのかな？　向いていないのかな？　そんなことが頭をよぎっては会社を辞めようと日々思っていたのですが、最後のチャレンジをしてみようということで、それに横浜中華街開拓を選んだのです。

当時の編集部には20名程度の営業メンバーがおり、横浜中華街は受注難易度が高いエリアと誰もが話していました。誰が営業に行っても成果が出ない。発注をいただけない。商談すらできない。ただ私は思ったのです。「ホットペッパー横浜版なのに横浜中華街が掲載されていないのは読者におかしいと思われるのでは？」と。無邪気で怖いもの知らずのアイディアでした。

〈ここを開拓すれば自身が納得する成果を得られるに違いない、ダメだったら辞めよう〉

そんな決意のもと、横浜中華街にチャレンジする日々が始まりました。

通常の飛び込み営業の件数目標を1ヶ月行ったものの成果は出ず、これを2・5倍にしてトータル2ヶ月ほどこなしても埒があかず。大失敗でした。飛び込み営業の最初のトーク＝「リクルートの菊池です。ホットペッパーのご案内に来ました」ではまったく興味を持ってもらえず門前払いばかりだったのです。

「私が何を話せば、顧客に興味を持ってもらえるのか？」「中華街で1番重要なマーケティングの要素は何なのだろうか?」「そもそも中華料理というカテゴリで1番売れているもの、支持されているものは何か?」

横浜編集部に中華料理店のメニューを持ち帰り、正の字で編集部員20名程度にアンケートしました。何が1番人気だったと思いますか?

餃子、チャーハン、回鍋肉、鶏肉のカシューナッツ炒め。こんな回答を頂戴することが多いのですが、実は、エビチリとエビマヨがダントツ。中華というよりはむしろエビが重要だったのです。

「そうか中華街に来る人はエビを食べたいのか！　日本人はこんなにエビが好きだったのか」目からウロコが落ちる思いでした。

「こんな重要なことを知っているのは自分だけに違いない！」「中華街の社長たちに伝えねば！」という妙な使命感を抱き、翌日から、飛び込み営業トークの冒頭を「リクルートの菊池です、中華街で1番売れているメニューって何かご存知ですか?」「エビを美味しく食べられるお店だとアピールすれば集客増えるかもしれません」「だって1番食べたいものですから」という風に変更したところ、商談獲得率が一気にアップしたんです。

「中華を食べたいというよりもエビを食べたいっていうニーズを刺激した方が、来店確率が高まると思うんです！　何か一緒に打ち手を考えませんか？」と商談を続け、多くのエビを多くの調理法で食べることができるコースを顧客と開発。当時の飲食平均単価が4000円。品数が多い方がユーザー満足度も高いという市場調査結果を踏まえエビ三昧コースを作り掲載したところ、今までの広告効果＝月間クーポン戻り枚数＝集客組数が20倍に。驚異的な数字を叩き出したのです。

この事例を元に他の店舗にも営業を横展開し、一気に掲載店数を15倍にしたことで、入社初の表彰も受けました。初めて自分が納得できる仕事の方法論と成果を得たチャレンジでした。当時はまだ可視化という言葉が頭をかすめることはありませんでしたが、そのエッセンスを仕事に取り入れ始めた頃合いだったように思います。

2　営業ビリからたどりついた最強ノウハウ「眼前可視化」

眼前可視化ノウハウ開発前夜

ビリから脱却したとはいえ、「何がこの議論のポイントなのか分からない」「何が分からないかすら分からない」といった場面には退社の日まで何度も出くわしました。仕事の難易度が上がるにつれて関わる方たちのレベルもぐんぐん上がって行き、自身の能力が周囲に追いつかないという流れです。

私の35歳での退社時、上司である部長からの手紙の一節にもこうありました。

〈「AかBか?」を問うと、「う」と答えるのが菊池くんでした〉

何をどう問われているのか理解できていないということでしょう。この部長は全身脳みそでできているのでは？　というくらい頭の良い方で私が33歳でマネジャーに任用された時の直属の上司でした。私が15時間かけて作ったエクセルのデータが会議開始5秒で「こことここの数字、矛盾してないか？」と言われ、白目をむきそうになったことも1度や2度ではありません。

さて、「AかBかを問われて［う］と答える」私をどう克服したのか。一旦、周囲との会話を書き出してそれをじっくり眺めて読解しつつ、わからないところをあぶり出して再度質問するということを繰り返すようにしました。自身で書き出したものを何度も見て、「そうかそういうことか」と納得して……。これが、眼前可視化ノウハウの原型となっていきました。

やり取りをリアルタイムで眼の前に書いていった方がその場で理解でき、質問もでき、議論の進行状況がわかり、周囲の人とのズレも解消しやすいと考え、ある時からリアルタイムに眼前可視化の徹底をし始めました。何より効率が良い。ただ、この時はあくまでも「他人の話の理解の一助」のレベルで、苦肉の策であり、ノウハウにしようなんて1ミリも考えていませんでした。

そんな状態から、リクルート→BtoCベンチャー→BtoBベンチャーと勤務し、創業に至りました。転職を重ねる中で、トップセールスの商談トークや成功事例、また失敗から獲得した様々な知見など営業組織には「武器」となる情報が多くあるものの、可視化していないがために有効活用できていないケースを多く見てきました。特に提供価値が可視化されていない＝誰が自社商品サービスを欲しいのかが見えない、営業戦略も営業シナリオも曖昧、という実態がどの企業にも存在していました。

この状況を放置しておくと売れる営業と売れない営業の差が開く。教育コスト、採用コスト、マネジメントコストがいずれもアップします。そこで、何をすればどういう成果が出るのかの具体的なイメージを獲得したい、議論や商談の効率を向上させることにより営業組織の生産性アップに貢献したい、と思うようになったのです。

可視化の重要性

当社の会社紹介資料を元ネタに、可視化の重要性について説明します。まず、多くの営業組織には、３パターンの登場人物がいます。

■ふわっと部長

「勢い命」の営業部トップ。現場経験のみで育った叩き上げ。気合と根性が最重要の価

ふわっと部長

勢い命の営業部トップ。現場経験で育った叩き上げ。好きな言葉は「エイエイオー！」

デキルさん

実績トップのプレーイング・マネジャー。独自ノウハウでバリバリ。彼氏？そんなモン必要なし！

値観。戦略・戦術立案は苦手。定量的に物事を捉えるなどもしない。

■デキルさん

　実績トップのプレーイング・マネジャー。もしくはトップ・プレーヤー。独自ノウハウでバリバリ仕事をする。人に仕事を教えるのは下手。できない人の気持がわからない。

■デキナイくん

　入社1～3年程度、実績低迷、熱しやすく冷めやすい。言われたことを速くやって早く帰りたい。成長意欲は心の底では持っているが、表面には出て来ず。

「デキルさん」がマネジャーの場合、プレーイング・マネジャーとして業績拡大を中心に動きます。メンバーの面倒を見る時間が全くない状態で、できない営業の面倒を見ることもできません。現場で何が起きているかの把握すらできない、とにかく余裕がないのです。

一方、純粋なプレーヤーである「できる営業」も同様の状況で、業績拡大に邁進していて、教育に工数を割けない状態になっています。そればかりか顧客管理システムへの入力や事務作業などにも手が回らないというのが大半。こういう会社はなぜか、人手不足に陥ると素人の若手を新規採用して工数を埋めようとする傾向があります。

デキナイくん
入社1～3年、実績低迷。熱しやすく冷めやすい。口癖は「ああ、まだ水曜？早く帰りたい」

そうやって入ってきた新人の

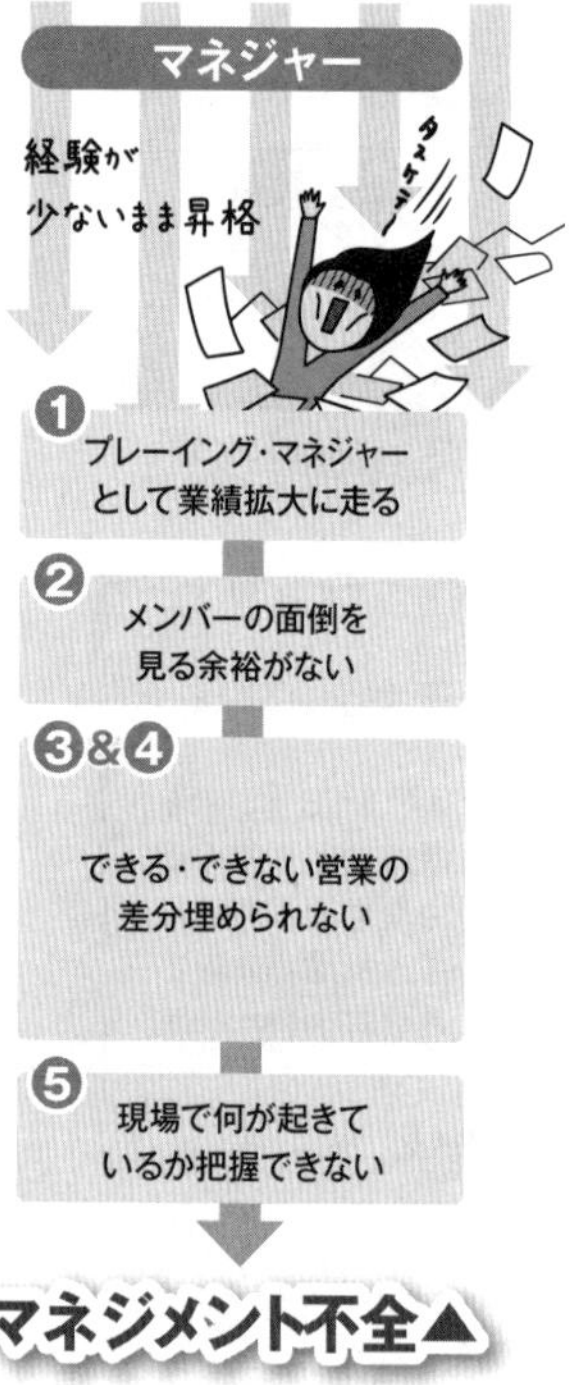
マネジャー
経験が少ないまま昇格
タスケテー
①プレーイング・マネジャーとして業績拡大に走る
②メンバーの面倒を見る余裕がない
③&④できる・できない営業の差分埋められない
⑤現場で何が起きているか把握できない
マネジメント不全▲

もう わけワカメ

「デキナイくん」は仕事を教えてもらう時間がほとんどなく、また仕事ノウハウを可視化したものもないため、学習すべきコンテンツが不足しています。それゆえに背中を見て学べと追い込まれるのですが、トップ・プレーヤーの仕事の仕方を素人が見て学ぶのは極めて難易度が高く、それが実行されることはほとんどありません。それでも真面目に「わからないながらも」業務を行っていると、何かしらトラブルを起こし、メンタルがやられてしまったり、そうでなくても成長できなかったりして離職してしまいがちです。結果、組織が育たないのです。

組織の成長を阻害する要因として大きく2つあげると……。

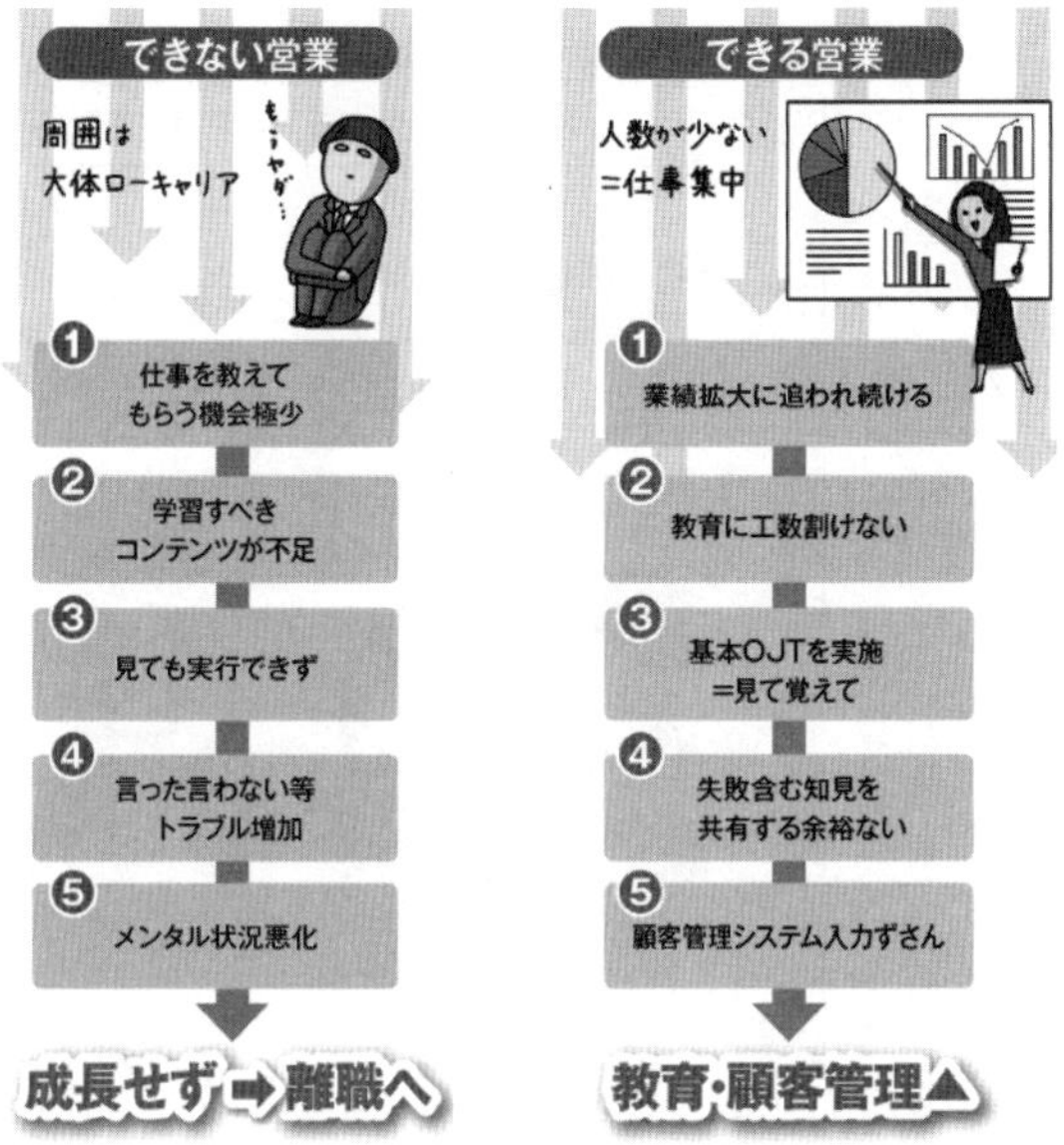

1　目標達成を起点にして想定ができていない

2　営業ノウハウが属人的

まずは1について。営業の計画・実行・振り返りの仕方がいずれも曖昧で、目標達成から逆算して様々な想定がなされておらず、杜撰なマネジメントに陥ってしまっている。世の中に横行しているものです。

ご多分に漏れず「ふわっと部長」の場合も営業戦略の練り方が弱く、営業会議の運営も下手、マ

PROBLEM 01

営業戦略がはっきりしていない

ゆえに目標達成に対する“逆算”ができない

ネジメントが場当たり的。全体としては、営業組織運営のイメージが本当に曖昧。もっと言えば、当事者意識や責任感が希薄と言えます。運営方針が曖昧でも業績が上がってしまった成功体験が意志を奪い、組織を弱体化させることにつながります。

誰の何の不満を解決する商品サービスなのか、提供価値は何なのかが明確でなければ営業戦略も曖昧になりがちです。誰に対して販売するのか、顧客ターゲットを決めきれなくなります。

ひどい場合には「顧客リストは自分で作れ」と現場の営業に丸投げになっていることもしばしば。リスト作成作業そのものは営業自身が担うことでもよいのですが、そもそもどういう市場・顧客群に対し、どういう規模感やスピード感でアプローチするのかについてはふわっと部長が考えるべきです。そうでなくて、現場に任せきりで自分は「とにかく売れ！」と叱咤激励したり、モチベーションが下がったメンバーの面談をして鼓舞することを仕事だと言ってみたり……というように、大きな勘違いをしている場合が散見されます。

PROBLEM 02 営業会議運営が下手

PROBLEM 03 マネジメントが場当たり的
計画・実行・振り返りが見えない

ふわっと部長の仕事とは、どういう市場にどういうサービスを提供し、どのくらい売上を作るのか、それをどういう組織においてどのような戦略戦術で実現するのか、どう振り返るのかを考えることです。

ただ、なかなかそうも行かず、人事権を行使することで●●代理、●●補佐、副●●といった微妙な役職を乱発、部署を作っては統合し、どこかの課をどこかの部に付け替えて……といった愚策が横行することになりかねません。挙句には昇格を餌に言うことを聞かせるという手口で、あくまでも「良かれ」と思い込んで実行してしまうのです。当然、「俺がお前を偉くしてやったんだから、いいから、やれ！」的な売れ売れマネジメントや気合ばかりの営業会議運営などが登場。場当たり的なマネジメントで、業績があがらないとメンバーのせいにされてしまいます。

こんな昭和な論法が令和の時代に通用するわけもなく、特に多くの中小企業はここで苦しみます。大手企業でも一部こういうことが起きている場合もあります。

「新しいふわっと部長」の登場

もう1つの要因は営業ノウハウが属人的になってしまい、売れる営業、売れない営業の差が大きくて埋まらないというものです。できない理由ばかりが蔓延し、研修やコンサルなど外圧をいれても、その効果は長続きしない。この問題を抱える企業は本当に多いです。

営業戦略が曖昧になることの弊害はマネジメントの方向性が定まらず、結果に対して

PROBLEM 01
できない理由ばかり言う

PROBLEM 02
何度も研修など打ち手投入したが
決めたことが続かない
1DAY
3DAY
1week
ん？
なんだっけ？

PROBLEM 03 業績差“大”→埋まらない

言い訳しやすい環境を作ってしまうことです。「どうせ何を言ってもやっても問題ないだろう、上は私達には無関心だし給料もらえればまあいいや」という甘さを生み出し、仕事ができた時はアピールするし、できない場合はその理由を述べるだけで事足りるという文化を作ってしまいがちです。

様々な打ち手を投入するも現場へ丸投げになると「やっておけよ！」とふわっと部長は言うのみで、やったかどうか確認をすることはありません。当初は「やれって言われたし、やった感出さないと上が怒るよね」という理由でやるわけですが、次第に形骸化して行くことになります。「なんでうちの会社は、色々やろうとしても続かないんだ？」と自分で悩み、それも解決することなく、次の打ち手を繰り出すも、またも丸投げ。このスパイラルに陥っている企業も多いんですよね。

こういうふわっと部長のもとでは、頑張る人は頑張るし、頑張らない人は頑張らないとなり、業績の不均衡を起こします。仕事を頑張る人はどんどんノウハウを作り積み重ねて行き、できない人はずっとできないまま、という「ノウハウ属人化」がここに完成。前述の通りデキルさんは業績を追いかけまわしており、デキナイくんの面倒は見られません。したがって属人化が解消することはありません。デキルさんかデキナイくんのどちらかが倒れるまでこの地獄が続き、それを作った張本人であるふわっと部長は何もできないまま、傍観と丸投げを続けるという負のループに陥ります。

一部のデキルさんだけでは業績をあげられるわけはなく、成長鈍化、停滞、もしくは業績ダウンをもたらします。このダウンがさらにふわっと部長をさらに「ふわっと」させてしまいます。焦って、「なんとかしろ！　がんばれ！　売れ！」と言っちゃうんです。業績が下がり始めると、ずっと下がり続けるという現象はこうして生まれます。そして、ふわっと部長は理由も分からず、社長命令で人事異動、飛ばされます。

そしてやってくるのが「新しいふわっと部長」。面白いほど同じくらいふわっとしているのに、着任したばかりで元気もりもり、やる気ＭＡＸでありつつ、やっぱり「ふわっとマネジメント」をし始めます。再度、新しい負のループとなり、社長も何が原因か、どうすべきかが分からなくなり、部長が原因なのだと思い込むようになります。

早期戦力化のために

そこで、これらの問題を解決するために、私が推進しているのが徹底的な可視化です。そもそもの経営方針、特に営業組織運営方針から高いレベルの解像度で可視化します。経営層の脳内を何度も議論しながら眼前に現していく、そのために必要な問いがあり、それを投げかけていきます。どこに向かいたいのか？　なぜそこに向かいたいのか？　商品・組織はそれぞれどのような状況にあるのか？　極限まで活写します（経営層にはしんどい話ですが、ここをやらない限り他のどんな手を打っても形骸化します。曖昧な方針は曖昧な結果しか生まず、未来を描くことについて難易度が極めて高くなります）。

もっとも、これらを実現して周囲に伝達し、周囲を導くことができる経営層はごく一部です。だからこそ「可視化サポート」を重要視しています。逆に言えば、ここさえ決まればこれまで述べてきた阻害要因の解決確率は非常に高いものとなります。

ゴールが明確であればそれだけ、何から取り組めば良いのか判断しやすくなりますね。そして営業戦略〜戦術の可視化もやりやすくなります。戦略とは「戦を略すこと」。やらないことを決め、何からやれば1番効率的に成果が出るのかをめぐる地図です。どこに力を集中させるのか？　どういうターゲット顧客のどんな不満をどのように解決するのか？　それによっていくら頂戴するのか？　それをどういう組織で実行するのか？このような議論を進めていきます。

ここまで明確にすることができるなら、年・四半期・月間タスクのスケジュールを詳細に描くことができ、これが実行力を格段に引き上げます。振り返りもスムーズになり、軌道修正もしやすくなります。負ける確率が圧倒的に減る、負けない戦いができるのです。

こうする中で、多くの成果を生み出してきたトッププレーヤーの仕事のやり方＝ノウハウを誰もが共有できるようできる限り噛み砕いていきます。そのまま再現すればある程度の成果が出るような「仕事の教科書」を作って行くイメージです。そして「秘伝のタレ」のように毎日使い、毎日注ぎ足していく、成果を創出するコアなエンジンとして機能させていきます。

最近は、ノウハウやマニュアル、教科書というと、深層心理に影響しているのか、拒否感を抱かれることがあるなと感じています（笑）。恐らく、今までこれらの言葉で仕事のやり方を語っても広まらなかったという失敗経験が積み重なってしまっているからでしょう。秘伝のタレというと親近感が湧きやすく、伝統的に蓄積しながら磨き上げるという印象と相まって、この言葉をあえて使っています。仕事ノウハウの可視化→秘伝のタレ作り。多くの企業の秘伝のタレを可視化することで、生産性を上げていきたいですね。

何より、仕事のやり方が分からず入社してきた方々が早期に戦力化し、成功体験を獲得してやる気と成長実感を得て、仕事が楽しいと思ってもらえる……そんな支援をしたいです。私には仕事ができず万年ビリだった＝これが本当に辛かった、という背景があり、ここについてはこだわっています。可視化、秘伝のタレ、解像度についてはそれぞれ後で詳述します。

3　人生をダメにする「ムダ会議」から「決める会議」へ

一生で何時間の会議をしているのか？

私たちホワイトカラーの仕事は、喋るかキーボードを打つかというアクションで構成されています。言葉を使った情報交換（会議・商談・電話・メール・チャット・資料など）のみで成立しているのです。基本的に、体や手を使って物理的な何かを生み出しているわけではないですよね？　極論すれば、情報を交換したり編集したりしているだけなのです。情報交換屋、編集屋という側面をホワイトカラーの皆が持っているのです。

したがって、成長とは情報交換や編集の能力を磨くことだ、とも言えます。

そして、その情報交換・編集をリアルタイムに複数人で行うのが会議、ということになります。営業で言えば商談ですね。会議・商談が仕事や人生に占める割合はどのくらいなのでしょうか？　ちょっと可視化してみたいと思います。

人生で休日を除く労働日数を２４０日、睡眠を8時間と仮定すると、起きているのは

会議にどのくらい時間を費やしているのか？

会議＝仕事＝人生という側面あり

	年間　労働日数	1日24時間中　起きている時間	休日除く起きている時間　年間合計	1日　労働時間	年間　労働時間	会議　時間シェア	年間　会議時間	休日除く起きている時間の人生における会議シェア
1	240	16	3,840	8	1,920	40%	768	20%
2	**240**	**16**	**3,840**	**8**	**1,920**	**50%**	**960**	**25%**
3	**240**	**16**	**3,840**	**8**	**1,920**	**60%**	**1,152**	**30%**
4	240	16	3,840	8	1,920	70%	1,344	35%
5	240	16	3,840	8	1,920	80%	1,536	40%
6	240	16	3,840	8	1,920	90%	1,728	45%
7	**240**	**16**	**3,840**	**8**	**1,920**	**100%**	**1,920**	**50%**

年間3840時間。1日8時間労働なら1920時間。表の№2のパターンですが、そのうち半分を会議に使うと960時間で、休日以外で眠っていない人生時間の25％を会議に投入していることになります。

これ実は、デスクに座っての会話や雑談などの仕事における会話類は入れていません。例えば№3のパターンでそれらを含めて会議時間シェア60％とすると、人生の30％が費やされている計算です。また、経営層の方で労働時間のほとんどが会議、もしくは毎日8時間以上、会議をしている人を№7としましょう。

そうしますと、人生の50％を会議に投下しているという計算になります。土日祝日も何かしら会議や電話をしていたとすると、当然もっと多くなります。私の顧客企業のある社長は土日祝日関係なく、恐らく№7よりも遥かに多くの会議をしているようなので、人生の会議シェアは80％を超えているかと思われます。

ここまでのレベルはなかなかないにしても、会議にあてる時間の生産性が低いと、人生にダメージ、あるいはリスクを与えてしまう可能性さえあるわけです。加えて、もし眼前可視化（本題に入るのは6項からになります）せずに議論した内容やその背景、結論などが錯綜しているとすれば、貴重な時間を粗末にしていると言えるかもしれません。

仕事をしている実感があったり、外目には仕事をしているように映っていたりしても、知らず知らずのうちに人生を潜在的に狂わせてしまっているのです。大仰に見えるかもしれませんが、それに気づかずに日々を過ごしているビジネスパーソンが非常に多いと思います。ここにメスを入れようとすれば自身の労働スタイルの否定、自己否定につながってしまいかねず、直視し難いところでしょう。しかし、そういったところに問題の核心が存在しており、そこに真摯に向き合って行くことが生産性向上の第一歩であり、ひいては人生に対するリスペクト、幸福への近道なのだろうとも感じております。

ムダ会議とは何か?

ムダ会議とは？　ムダで意味のない会議とは？　大きく2つの傾向があります。

【A】決めようとしていない
【B】眼前可視化していない

会議の主催者が意志・意見を持っておらず、何を議論するのか？　お題は何か？　会議のゴールは何か？　が設定されていない、議論に必要なメンバーがアサインされず、とにかくたくさん人数を呼んでいる……こんな会議って結構ありますよね？　主催者の意志いかんで会議の品質が決まると言っていいでしょう。会議の主催者が意見・意志なく「みんなの意見を聞こう」という無責任なやり方を採っていることで会議の意義を奪ってしまっています。

主催者が意志や仮説を持って会議を主催して初めて、意見修正ができます。それを議論する時にどんなメンバーが必要なのかを決定しやすくなり、不要な人まで呼ぶ必要はなくなります。意志や仮説がなければ議論の土台がないのも同じで、会議は進みませんね。決めようとするから、アジェンダや資料、議論の流れの把握が大事になってくる。議論を積み重ねていこう、深掘りしていこう、蓄積して後戻りしないようにしよう、というスタンスになり、眼前可視化する必要性が出てくるわけです。それぞれ詳しく解説していきましょう。

【A】決めようとしない会議はバカになる

決めない会議の例をざっと並べると以下の通りです。

1：いきなりアジェンダもなく、報告から入る。
2：決定権のある人が司会進行をやらない。
3：各アジェンダの進行時間が守られない。
4：必要な議論に直接行かない（感想を述べるばかり）。
5：保身のために自分の調べたこと・準備を全部伝えてしまう。
・上手く行かなかった理由を述べる。
・結局今注力していることは、成功したのか失敗したのか？　その要因は？　を端的に知りたいのに成功か失敗か先に言わない。
・APPENDIX（後付け、付録）偏重＝資料をきれいに作り、何を言われても答えられるような準備（あるいは準備のための準備）の方に注力してしまう。
・集団の中で恥をかきたくない、怒られたくない心理が働いてしまう。
6：いきなり根拠もなく決めに行く。
7：決めることができない無関係の人が呼ばれている。
8：会議時間枠いっぱいを使ってしまう。

9：総論ＯＫ、各論反対の人が多い→後からトイレなどでグチグチ言う、その場で言わない。

こういう会議ではやっているフリだけが際立ち、何も決まりません。会議主催者の意志が大きく影響しているのは言うまでもありません。

決める会議とは？

私が在籍していたころのリクルートでは会議とは「決める場」であることが大半で、決めることが仕事、という言葉が多くの先輩方の胸に刻まれていました。したがって、会議の司会進行・ファシリテーション（円滑に進める）役は、その会議で1番大きな決裁権を持つ役職の高い人物が担うことが当たり前となっていたのです。

マネジャー5名と部長1名の会議であれば、部長が議長となり、そしてこの議長がホワイトボードに自身で書きながら、また自身が作った資料を配布してそれを読み上げながら会議を進行します。「決める立場の人間が会議を動かす」、これを愚直にやっていた印象です。

これに付随して、参加メンバーも厳選されることになります。決める立場の人だけ呼んで、決められない・意志がない人は参加させない。意見を言えない人・意志がない人に対しては「なぜあいつを呼ぶんだ?」となってしまうくらいの雰囲気でした。言い方を変えれば、ここで決めたことはそのまま事業所属メンバー数百人〜数千人で動かす、引き下がれない、その緊張感に耐えられる人がアサインされます。意志のない人が会議に参加するのは許されない、参加者全員が「自分が決める」という意識で臨んでもらう必要があり、そのテーマに対して意見を持っている必要がありました。

「決める会議」の雰囲気の例を以下に2つ記します。

例1:ここに集まった会議参加者で決めたことは議事録化して、メンバー全員に発信すると宣言しつつ会議を開始します。決める立場の司会進行役=主催者が「私はAと言っている、あなたは何と言うのか?」と各人の発言を明確にするように促します。自身の明確な意志や思考・根拠がなければ意見が言えませんが、それを会議参加者に要望するのです。

そしてその会議の議事録はメンバー全員に発信され、公開されます。公開されることに耐えうる発言をしなければいけないという圧倒的な緊張感で、決める厳しさを演出します。こういう会議運営をすると、参加者の口癖が段々「私はこう言っています」になり、発言に責任を持つように、そして決められる組織になっていきます。

例2：誰が聞いても恥ずかしくない言い方をしようという方法があります。例えば、マネジャーが集まっている会議で何か施策を考えている時に、無責任に「とりあえず、現場にこれをやらせればいいんですよ、ささっと決めましょうよ」と発言してしまったとしましょう。メンバーがそれをやるために、どのような努力や時間投資が必要なのか？その時得られるメリットは何なのか？　メンバーのリスクは何なのか？　などが議論され尽くしていない中で、浅はかな即決を得に行こうとした発言ですね。

この時、決裁権を持つファシリテーターは、「それを聞いたメンバーが悲しむと思いませんか？」と問いかけます。自分の発言に責任を持て、熟慮せよというメッセージが裏側に込められています。

決めるとは？

リクルートではもちろん会議で相談やディスカッションもしますが、それはあくまでも決めることの手前にあるやり取りである、ということです。では、「決める」とはどういうことなのでしょうか？

辞書的な表現では、不確実であり未定であった物事をはっきりさせる、約束する、そう思い込んで疑わない、というニュアンスで語られることが多いですね。一方、ビジネスにおいて「決める」とは、

1：リターンとリスクを見極めること。
2：決めたら強烈にやること＝多くの人が動くこと。

になるかと思います。決めたら安易には変えない、安易に変えてしまうということは決定時の議論・検討が不足している、という理解でよいでしょう。とにかく影響の範囲を見据え、熟慮を重ねた上でないと決められない、それほど重いものなのです。

重いものであることに加えてスピードも求められます。そして決めるからこそ行動が

必須となり、その行動が成功と失敗を生み出し、要因分析↓次回の打ち手策定へと駒を進めることができるようになります。「うちの会社はやりきらない・やりきれない」とのお悩みをよく伺いますが、これも「やると決めていない」のだろうなと思います。決められないからやりきれない、という理屈です。

リスクが見えない時は決めることができず、迷い続けることがほとんどではないでしょうか。決断から逃げ続けている、とも言えましょう。迷っていると動きが鈍くなる。行動への足かせとなってしまう。一方でリスクを取りに行かなければ大きなリターンは得られないというのも周知の事実かと思います。リスクをできるだけ可視化し、それへの対策を事前に検討しておくと「決める」が近づいて来ます。リクルート時代、多くの上司に何らかのプランを出すと「これが何かの理由で上手くいかないとしたら、どこがボトルネックになるんだ?」とリスク部分について質問してくれました。これも「決め」ようとしていてくれたからの議論だったのだと思います。

【B】眼前可視化しないと会議はバカになる

さて、本書のメインテーマである眼前可視化についてです。コロナ時代を経てオンライン会議の利用拡大に伴って移動時間が減り、会議実施数や会議参加時間数が飛躍的に増えました。ここでいくつか問題が出てきています。

（1）議論中

「何の話をしてるんだ？　この話さっきもしてたような……」と思った経験はありませんか？　話題の中のどの部分をどの深さで議論しているのかが見えなくなる。そんな会議が大半だったりします。その結果発生するリスクを列挙します。

・議論内容や進捗が掴めない
・議論が飛びやすい
・議論の深掘りができない
・同じ話題を繰り返す

当然いくら会議をやっても進みが悪くて疲れる。ストレスフル。会議を懸命にすればするほど徒労感が増えていくばかりです。

眼前可視化をしていないと
議論中も議論後も非効率に
議論中
今、何について
話してましたっけ？
この話って先程も
しませんでした？
自分
相手
議論後
これって
こうでしたよね？
そんなことは
言っていない!!
もう一度議論だ!!
自分
相手

（2）議論後

「前回どんな結論になったんだっけ？」と思ったことはありませんか？　何の議事録もメモもない会議の場合、せっかく交換された情報や議論内容が霧散し、会議がなかったことになってしまいます。その結果、こんなリスクが発生します。

・過去に行った議論を振り返れない
・また同じ内容の会議を設定することになりかねない
・お互いの認識のズレが発生

前回の会議メモがないとその議論を振り返ることができず、今回の会議の論点がわからなくなってしまいます。そのため、経緯の確認からやることになり、会議時間がそれだけで終わります。時間切れで改めて会議の設定をし、これが繰り返される。悪い冗談のようですが実話で、多くの企業で起きています。ここであげたようなリスクが、例えば顧客への働きかけのスピードが落ちてしまったり、生産性が下がって労働時間は増えたりし、メンバーの成長を阻害するなどの2次被害につながっていくのです。

4　人によって言葉の「定義」がズレた会議はリスク大

言葉の定義がズレている

前項で、ムダ会議の特徴について説明しました。この項では、これらほど大きな影響はないものの、会議の生産性を下げる要因の代表例を紹介します。

まず言葉の定義が異なるとはどういうことかについて説明します。「美味しいラーメンが食べたい！　一緒に行こう！」と言われた時に、美味しいとは何かについてすり合わせができていないとお互いが満足するラーメン屋に行き当たりませんよね？　相手はあっさりとした塩味が好きなのに対し、こちらは味噌ベースのこってりが好きな場合、美味しいが意味するところは大きく違ってきます。店選びが全く異なるはずです。

ビジネスで言えば「昨年より〝大幅に〟売上が上がった、素晴らしい！」というような会話をする時に、大幅とは何かを定義していないとそれが素晴らしいと言えるのかどうかわからない、といった具合です。大幅について相手は昨対10％アップを意図しているのに、こちらは昨対20％アップだと思っていた場合、こちらから見れば全然大幅ではない、素晴らしくないという判断をしてしまうことになりかねない。

次に言葉の定義がズレていることのリスクについて説明します。

〝大幅に〟が売上昨対20％アップなのか、10％アップなのかを定義せずに話を進めるとどうなるでしょうか？　相手は売上増加が順調だと思っているため、昨年と同様に今期も取り組めばよいなどと高をくくっているかもしれません。それに対してこちらは昨対20％になっていなければ厳しい状況だと見ているため、何が問題だったのか？　その発生要因は何か？　絶対に20％アップする打ち手は何か？　などありとあらゆることを今期に対して考えることでしょう。

定義がズレているため、物事の判断レベルや精度も異なれば論点も大きく違うことになります。この状態で会議を進めても噛み合わないままで議論の生産性は落ち、双方が納得できない着地になる可能性が高まります。時間をかけている割に話が進まないため大きな疲労感が残り、次回の会議を設定しようという気力すら残っていないかもしれません。せっかく会議をやってもこれでは大きなダメージを被るだけです。

言葉の定義を「揃える・すり合わせる」ことは、議論をスムーズに進行するための非

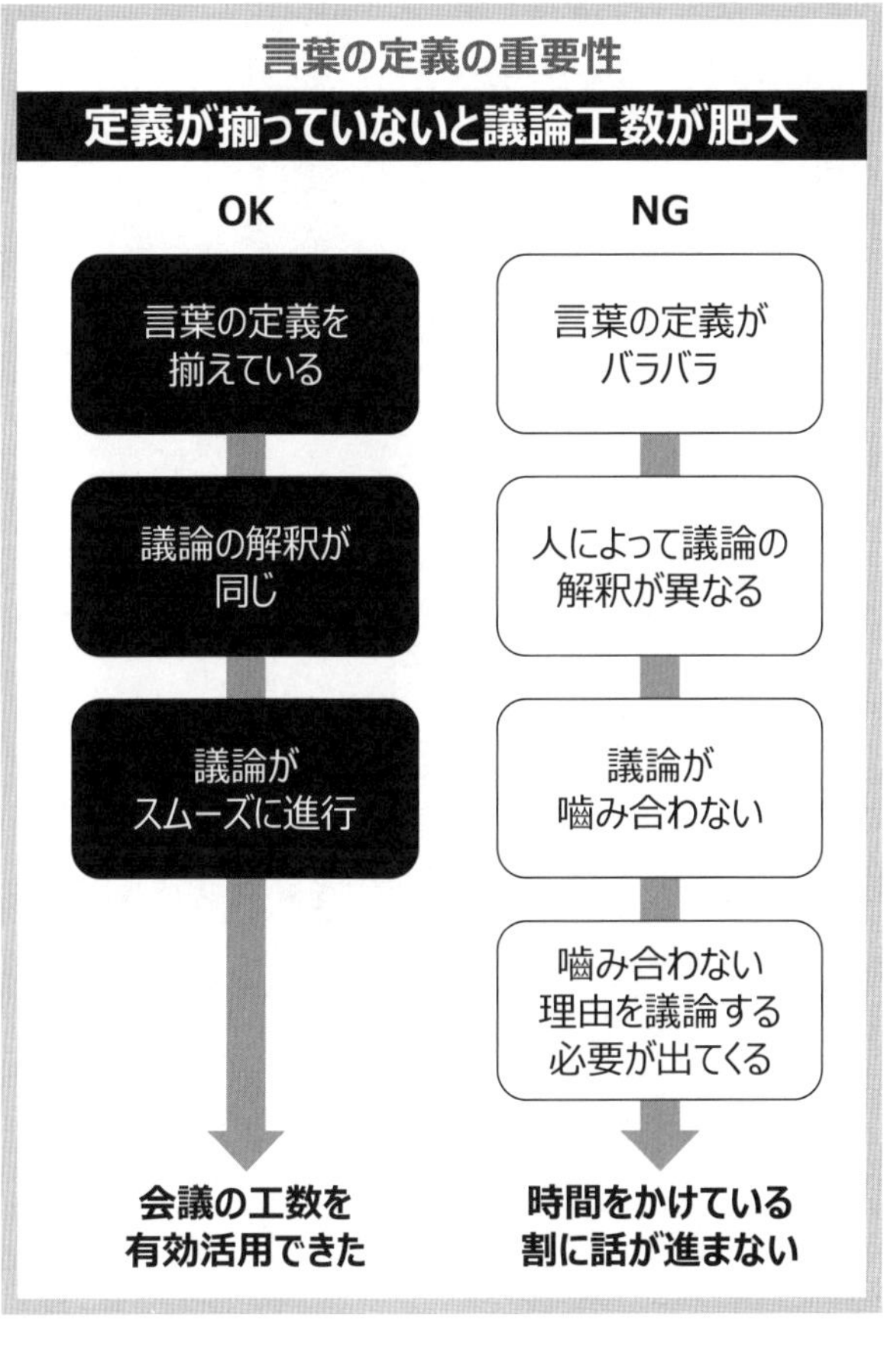
言葉の定義の重要性
定義が揃っていないと議論工数が肥大
OK
言葉の定義を揃えている
議論の解釈が同じ
議論がスムーズに進行
会議の工数を有効活用できた
NG
言葉の定義がバラバラ
人によって議論の解釈が異なる
議論が噛み合わない
噛み合わない理由を議論する必要が出てくる
時間をかけている割に話が進まない

常に重要なステップになります。

揃え方・すり合わせ方

では、どうやって「揃える・すり合わせる」のか？　眼前可視化ノウハウの詳細解説の前に、こちらをご説明しましょう。眼前可視化をしていると、同じ意味のことを複数の言葉で表現している場合があることがよくわかります。例えば、

・ソリューション
・商品
・製品
・サービス
・解決策
・打ち手

これらの言葉を、完全に同じではないにしても同じような意味を持つものとして使っ

た経験はありませんか？　言葉を重複させることなく言い換えて使うことはコミュニケーションを豊かにする要素ですが、会議の場では混乱をきたす可能性を否定できません。
ではどうすればいいのでしょうか？　ざっと1～3のような段取りを踏むのが望ましいと思われます。

1：似たような言葉がいくつも存在することを会議参加者に認識してもらう
2：参加者間で最適と思われる言葉を選ぶ
3：その言葉が意味することを詳細に可視化し、メモとして残して共有する

議論が本格化する前に、できればこの意識を共有するとスムーズです。「ちょっと会議の流れを中断しますが、今複数の方が複数の言い方で1つのことを表現しているような気がしまして、このまま続けると会議内のコミュニケーションが煩雑になります。このタイミングで言葉の定義を統一させていただいてもよろしいでしょうか？」と持ちかけるイメージです。営業のシーンであればこのプロセスは営業担当のコミュニケーションの精度の高さを相手にアピールすることにもなり、営業個人の信頼度向上にもつなが

ることを付け加えておきますね。

さらに、これは上級テクニックかもしれませんが、言葉の定義を会議内で追求するだけで信頼や感動を得られるということがままあります。例えば、役員〜マネジャーのそれぞれの役職のミッションを可視化しようという議論をしていたとします。この手の抽象度が高い議論は、使う言葉に対して会議参加者が持つイメージがバラバラであることが少なくありません。統一されていないことがほとんどで、言いたいことを言い切れていない場合も多い。

「こういうことが言いたい」とのイメージを各人持っていたりするものの、それをしっかりと可視化しないまま会議に参加し、議論を続行してしまうことがままあります。眼前可視化しながら抽象的な言葉が出て来たら、そもそもこれはどういう意味で使うのか、すり合わせるためのファシリテーションを入れつつ定義を可視化していきます。そうすると「ああ、それが言いたかった！　すっきりした！」という反応が返ってきます。これがファシリテーションの信頼感を生み、会議に対する感動を呼び、ひいては参加者の満足度が上がるばかりか会議の精度も飛躍的に向上することにつながるのです。

5　相手のトークは順番バラバラ、多忙なキーマンの「朝令朝改」に伴走

伝わらなければ「無かった」ことと同じ

ほとんどの人が会議で発言をする時に、話す順番を意識していることはありません。背景→目的→課題→打ち手のようにアジェンダを脳内で組み上げて話すのではなく、その場で思いついたことをそのように話します。

眼前可視化することなく会議進行をしていると、今何を話しているのか全くわからなくなります。またわかったとしても、自分の受け取り方と他の会議参加者のそれには大きな違いが出てきてしまい認識を共有することはできません。

このバラバラ現象と言いますか思いつきで話をしてしまう傾向は、ロジカル・シンキングを徹底的に鍛えられているはずの経営層の方の場合でもしょっちゅう見られます。

実際に、そういう方々が会議中に話していることを眼前可視化する場面を多く経験していますが、その時のメモを見てみると、今何について話しているのか？　どういう優先

順位で伝えたいのか？　何を強調したいのか？　正直言ってかなりわかりづらい印象です。

大体のパターンで言うと、思い・感情をまず吐露し、次に打ち手を乱打というパターンでしょうか。もちろん打ち手を論じる前に何が問題なのか、その問題の発生要因は何なのかに触れる必要があるわけですが……。そして打ち手を語った後は、その打ち手を続けると結局どういうゴールにたどり着くのか、あるべき姿は何かへ駒を進めるはずが、打ち手をやるにあたっての心構え・訓示や叱責、活入れ的なコメントを並べてしまいがちです。

自分の示した打ち手をしっかりやってほしいという意図なのでしょうが、言いたいことをダラダラ、バラバラと放出し、「よーし諸君、経営からのメッセージが伝わったかな？」とやったところで、しかも書面なしの口頭伝達で言い切ったのみでは、ほとんど伝わっていないと思った方がいいでしょう。

熱量の割に情報量が少なく、内容に具体性が乏しいですし、これは何の話なのか、何について論じているのか、受け手は全くわからなくなってしまいます。しかもわからない状況かどうかを察知することなく、情報が薄い割に話量が多いというスタイルですから、なおのこと受け取りづらい。

社長、役員などの経営層＝キーマン＝社内で大きな影響力を持つ人、決裁権を持つ人ほど、事前にトークの順番を整え、アジェンダを示した上で話をしなければ、伝わらないことを肝に銘じるべきでしょう。伝わらなければ「無かった」ことと同じとなり、メンバーを集めた時間や工数、人件費、そしてキーマン御本人のそれらも完全にムダになり

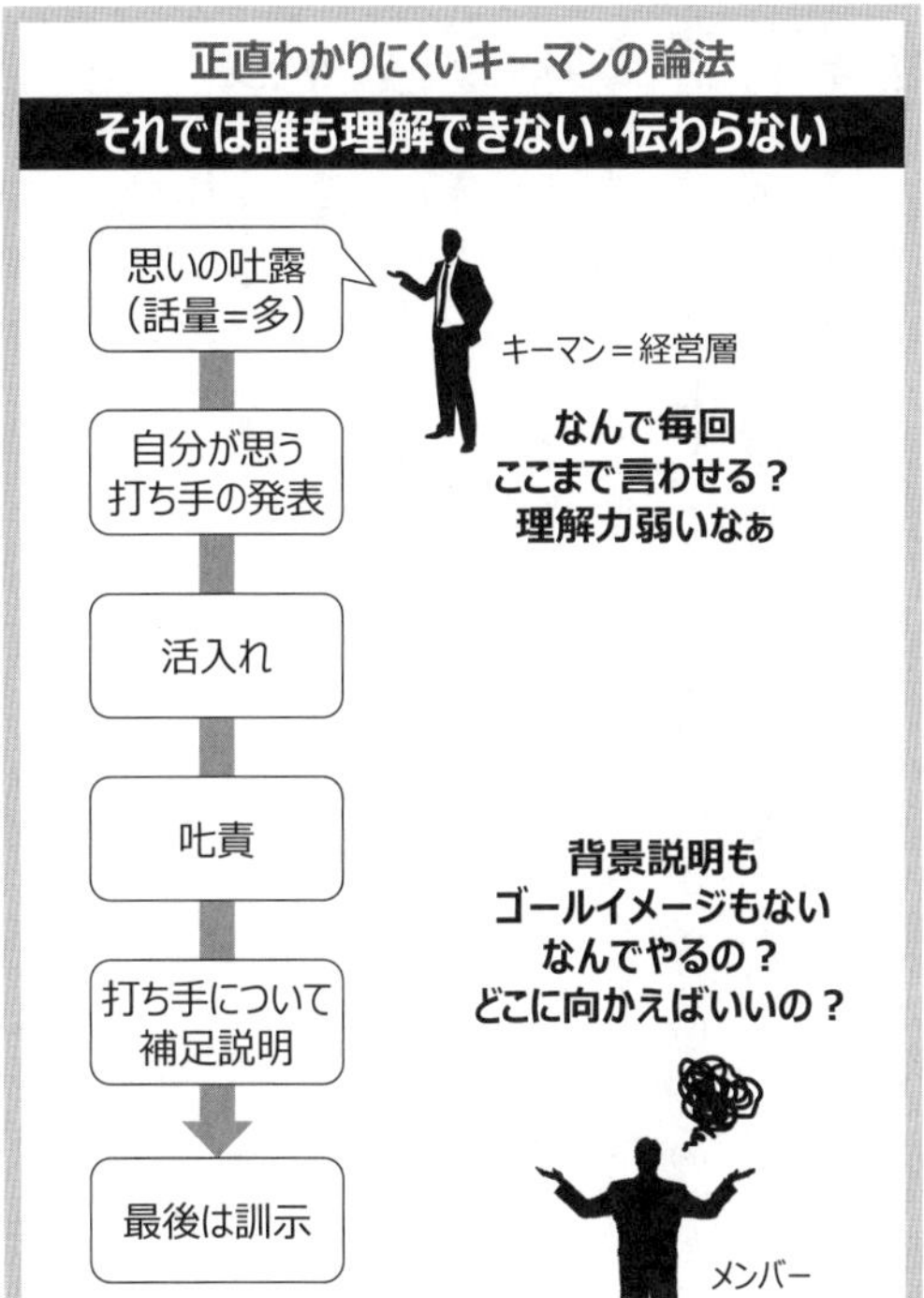
正直わかりにくいキーマンの論法
それでは誰も理解できない・伝わらない
思いの吐露
（話量＝多）
自分が思う
打ち手の発表
活入れ
叱責
打ち手について
補足説明
最後は訓示
キーマン＝経営層
なんで毎回
ここまで言わせる？
理解力弱いなぁ
背景説明も
ゴールイメージもない
なんでやるの？
どこに向かえばいいの？
メンバー

ます。これは大きなリスクです。可視化を取り入れて、この手のムダを一掃して頂きたいと願っています。

多忙なキーマンを補足

今までキーマンが社内で何かを述べるケースについて話を展開してきました。そこで今度は、キーマンからメッセージを受け取る立場におけるコツを説明しておきたいと思います。

営業担当として顧客のキーマンに接する場合、もしくはメンバーとして社内のキーマンに接する場合など、両方に共通して使用可能な考え方になります。例えば営業担当の場合、キーマンに対してアプローチすべきではあるものの、キーマンは常に大変忙しい。社内でも多くの情報の集積地のようになっており、重ねられてきた議論を把握できているキーマンはほとんどいないでしょう。

何よりも、前回の議論から考え方が変わっている人がほとんどです。キーマンは責任が及ぶ範囲が広く、情報はいつも山のように集まり、常に思考しています。ある意味で、常に考えが変わる、考えを変えることができるからこそキーマンになり得ているとも言えるでしょう。そんな「朝礼朝改」とも言えるスピード感で考えが変わる人物に対応するためにも、眼前可視化は非常に有効です。

変化が速すぎて、キーマン自身も自分の考えの変化やその理由について把握・説明しきれないケースがほとんどです。そこに気づいてもらう伴走ツールとして眼前可視化で作ったメモは効果的で、とても喜ばれることでしょう。キーマンは実際、自身の考え方を客観的に捉えて分析する心理的・時間的余裕がないこともしばしば。考えが変わったタイミングで速く周囲と共有しなければという焦燥に駆られるのか、とりあえずメンバーを集めて会議するか電話で信頼できる人物に伝えるかして、まずは口頭で共有しようとしてしまいがちです。

その背景には、「スピードこそ価値」との思考が横たわっていることも事実です。文章や資料で残らないケースが多く、「言った・言わない」論争も頻発します。伝えられる側、受け手がキーマンと同じ熱量や視界、価値観で物事を見ている場合だと、口頭伝達であってもある程度機能しますが、そんな人物は社内にほとんどいないでしょう。自身の熱量を共有できない人たちに口頭伝達をしてもペットに話しかけるがごとくで、いや、まだペットの方が気持ちも伝わるのではというレベルで、それが続けば、「うちのキーマンは言うことがコロコロ変わる」とイヤなレッテルを貼られることになりかねません。

キーマンは常に変わるもの――。そしてそれを補足し、伴走できるのは眼前可視化だけ。次項ではその具体的なメソッドについて解説します。

6　粗くても即送付で認識共有例：眼前可視化ノウハウ①

眼前可視化とは？

さて、いよいよここからはリアルタイムに議論内容メモを書きながら、「それを相手に見せながら＝眼前可視化」会議を進める方法です。身も蓋もなく、当たり前すぎて拍子抜けしてしまうかもしれませんが、会議を実りあるものとするには絶大な効果があり、唯一無二と言ってもよいノウハウです。ポイントは3つになります。

1：相手の眼前でリアルタイムに
2：書きながら
3：見せながら

よくあるパターンとして、自分の手元でメモを取っておき、後に自身で整理してから会議参加者に送付するというやり方があります。メモさえ取ればいいんでしょ？　というスタンスなのですが、あくまでその場でリアルタイムに相手の眼前に「メモを見せながら」会議を進めることが重要なのです。

「眼前可視化」のメリット

（1）議論中のメリット

・議論内容が掴みやすくなるため＝発言数アップ・発言内容の精度アップ
・話し合いたい話題を深く着実に消化
・同じ話題を繰り返さない＝会議がスムーズに進行

相手と共通認識を持ちながら議論を進めることができる効果は非常に高いです。社内会議でももちろんメリットは大きいですが、社外の方との会議＝営業の商談などでは特に効果を発揮することでしょう。社内の皆さんは普段から価値観や考えをある程度共有している一方、社外の方、特に初対面の方などは相手とのバックグラウンドは全く違いますし、コミュニケーションの特性なども理解できていない状態。その中で情報交換を進め、相手を知り、議論を進行するのは手探りに近いところ、眼前可視化はこれをかなり容易にしてくれます（やり方は後述します）。

（2）議論後のメリット

・前回どこまで議論したのか振り返れる＝議論をスムーズに再開可能
・毎回フレッシュな話題で会議を実施可能
・「言った・言わない」の撲滅＝認識が擦り合った状態を継続

前回の議論をしっかりと踏まえた上で、今回の会議を進行できます。「言った・言わない」もなく、トラブルの心配もありません。ムダなくストレスもない状態を作れます。営業シーンでは、「あなたの言っていることを大切にしています。今回の商談進行を極力スムーズにすることに尽力しています」とのメッセージにもなり、貴重な武器となるはずです。

あえて議事録と呼ばずメモと呼び、多少粗くても即送付する

会議の後に議事録を送付することはよくあります。議事録と言うと、きちんと内容を整理して言葉遣いなども正しいものにしておかなければと急き立てられる部分があるかもしれません。よほど公的な意味合いがあるなら必要かもしれませんが、そうでないなら、完成度を上げることが仕事の生産性を下げることに繋がりかねません。目的はあくまでも内容の把握であり、「言った・言わない」の回避なので、多少粗くてもなるべく早めに相手に送ることをおすすめしています。

あえて議事録と呼ばず、「先程のメモ」とし、「会議中に書いたメモをすぐ送りますね」と言って、その場ですぐに送ってしまうのがベター。ちなみに会議の最後に、メモを送るのは非常に評価が高いアクションになります。その場で「もうみなさんにメッセージを送りました！」と伝えると仕事が速い、できる人だという評価を得やすい。スピードは品質に直結します。スピードが速いと量を生むことができ、試行回数が増え、経験値が飛躍的に上がり、品質向上を実現するからです。メモをすぐ送る・共有する習慣を持ちましょう！

メモを取引相手と共有することで得られるメリット

議事録ならぬメモは取引先との関係を築く有効な手段＝付加価値を生む手段と言えます。下記にメリットを列挙します。

・喜んでもらえる＝「相違が無いようメモを共有しますね！」とこちらが伝えると、相手は「仕事の仕方がしっかりしている企業・人だな」と受け取ることでしょう。

・内容の擦り合せができる＝こちら側の解釈を相手に伝えることができ、相違があった際も早い段階で解消でき、内容がずれたまま話が進むことを回避できます。

・「同じ過去」を振り返ることができる＝それぞれが違った時間を振り返るのではなく、同じ目線で共通の時系列を振り返ることができます。

・結果的に大きな信頼を得られる＝「言った・言わない」の諍いから解放されて、信頼をガッチリ勝ち取ることができます。

眼前可視化で作ったメモが営業の武器になる。騙されたと思ってやってみてください。これを実際にやった多くの営業さんが効果を実感しています。

眼前可視化が必要な場面の見極め

顧客からはこんな感想をしばしば頂戴します。

「当方が2人以上だとスムーズに全部の会話メモを取ることができます。しかし、これが当方1人での商談だと、プレゼンで使用する資料の説明や、それに付随する画面操作をしながらの作業を抱えながらの会話キャッチボールとなり、さらにそれと同時進行で『会話メモを全部記録する』というのはなかなか至難の業に感じます。せめて、拾える限りの会話内容だけでもメモを取りながら、双方で認識を揃えながらの会話が出来るように頑張ります〜！」

さて、これはどう考えればいいでしょうか？

まず眼前可視化が必要な場面とそうでないものとを切り分けて考える必要があります。

必要なシーンとは「議論の跡を残しておくべき時」で、作業や商品説明など一方的にこちらから説明・報告・連絡などをする場合は不要。相手と課題や打ち手を議論する時や、ご要望いただく時に向いています。

眼前可視化はあくまでも共通認識を得ることが目的で、例えばデモとかプレゼンをある程度やった後に「今回おっしゃったことをまとめます」といった形で議事録（メモ）を見せる、などの運用でもＯＫです。

眼前可視化したメモの例

ここでは、いくつかのパターンを提示します。バリエーションは無限ですので、あくまで参考としてください。もっともっと良いものを作っていただければと思います。

以降、本来横書きのものを縦書きにしてあり、見にくい部分がありますがご容赦ください。

202X年6月24日(金)
T企画打合せ

■メンバー
橋本さん、内藤さん、金井さん、斎藤

■実施期間【決定済み】
202X年9月8日～10日
■場所
△△ビル　Aスタジオ

**話のテーマごとに
セクション分けをすることで
より見やすくなる**

□背景
●●社より弊社商品とタイアップしたイベントを開催したいと申し出があった。
※3年前に山田部長と●●社の結城様で企画立案したが、別企画決行により頓挫した。

□課題
①テーマ★早急★～5/8
②C企画との連動　※橋本さんとすり合わせる(5/13)
③企画打ち出し
④・・・

○○生産会議 議事録
日時:5/7月　13:00-15:00
場所:第3会議室
出席者:A部長、B課長、C係長、D、E、議事録作成：F
欠席者:G主任（海外出張のため）

【議題】
○○月間生産量の決定について
－－－－－－－－－－－－－－－－－－－－－－－－－
【決定事項】
1:○○の月間生産量は目標7トン
2:在庫の状況をみて目標値を8トンへの修正を検討
－－－－－－－－－－－－－－－－－－－－－－－－－
【議論内容】
・C係長より、○○の月間生産能力について10トンと報告
・A部長より、当初は無理をせず、7トンにすると指示
・C係長より、○○は市場調査で消費者の感触が良いと報告
・B課長より、在庫の状況をみて目標値の修正検討を提案
・A部長より、在庫が順調に消化した場合に8トンへの修正を検討
－－－－－－－－－－－－－－－－－－－－－－－－－
次回「○○生産会議」
6/4月 15:00-16:00 第3会議室

〈例　①〉

9月発売「○○」の宣伝プロモーション計画

日時：5／7（月）15：00〜15：30
場所：A社様第1会議室
出席者：A社様（Bマーケティング事業部長、C営業部課長、D主任）
E社F部長、G次長、H主任、I（議事録作成）

【目的】
「○○」のプロモーション戦略策定

【決定事項】
①テレビ、新聞、雑誌、Webの各媒体を通じて「○○」の知名度が向上するようにA社がプロモーションをかける。
②予算は△△万円とし、状況に応じて増額する。

【会議の概要】
①○○の販売・プロモーションの開始について
・順調に開発は進んでおり、6月中には生産を開始できる見込み。発売開始日を9月1日とする（F部長）
・9月発売であれば、遅くても8月上旬にはプロモーションを開始する（B部長）

②プロモーション方法
・A社様は6月15日までに媒体候補を選定し、E社に提案（C課長）
・知名度をできるだけ向上させるため、テレビ、新聞、雑誌だけではなくウェブサイトも含めて幅広く実施して欲しい（G次長）
・ウェブが加わると希望の予算△△万円で収まらない可能性がある（C課長）
・状況に応じて増額を検討（F部長）

【補足】
・A社様とE社のやりとりは、D主任とH主任が行う。

〈例②〉

今後の取り組みについて

●問題

「発信者が限られている」＝ナレッジに限らず全般的に

・やった本人もナレッジがあることを気づかぬまま

・自発的発信も生まれぬまま、他者のナレッジを得ようとしないまま

・組織の共有財産となっていない

・いきなりナレッジ出してと言っても出て来ない

・ナレッジ化のコツを知らない＝過去の知見を〝引き出し化〟できない＝「コルブ経験学習モデル※」未学習

※経験したことを振り返り、そこから学びを得て、それを概念化し、さらに学びを実践に活用するといった4つのプロセスからなる学習理論を指す。

●打ち手

（仮）ナレッジ抽出グループディスカッション（グルディス）。ある程度期間を与え、こういう趣旨だよと伝えておき、事前準備してもらった上で参加してもらう

●スケジュールイメージ
11月　数名のナレッジを可視化する
　↓どういうナレッジがある？　どれが効果出そう？
　↓どこまで揃えておく？　この下期どこまでやる（風土作り）？
12月
1月　★本番　グルディス
2月
3月　★本番　ナレッジコンテスト

●今後の進め方
1：10月30日にA氏のナレッジ抽出
2：振り返りの日程検討
3：定例会化する？

7　タイプ術とアジェンダ設定：眼前可視化ノウハウ②

生々しいハウツー一覧

ここでは実際にどういう風に手を動かすのか、会議を進めるのか、超実践的ハウツーをご紹介します。これまた身も蓋もないかもしれませんが、徹底されていないことによる不具合・不都合が後を絶ちません。まずは基本の7点から始めましょう。

【A】ブラインドタッチ
【B】単語登録
【C】ありのまま書き
【D】アジェンダ準備
【E】放り込み
【F】もう一度言ってもらう

【G】書いていること、合っていますか?

【A】ブラインドタッチ

ハウツー1丁目1番地として、ブラインドタッチが必須です。キーボードのキーを見ずにタイピング・文字入力するという技術で、会議中に飛び交う発言をすぐに文字化することができます。できる人もいますが、できないという人も多いのが実情です。

ブラインドタッチをできない人が、この技術を身につけるだけで業務生産性が体感として5~10%、人によっては20%くらい向上すると思うくらい大事な技術です。とにかく、あなどってはいけない、バカにしてはいけない、絶対に身につけてほしい、の3つをお伝えしたいですね。習得方法は例えば、

例1　まずはミスなく正確に!　イータイピング https://www.e-typing.ne.jp

例2　スピードアップ方法　マイタイピング https://typing.twil.me

これらのサイトで徹底的に手を動かしてください。ホームポジション、動かしやすい指の順番、母音を覚えたら、か行、さ行を練習していく、などの習得方法はインターネ

ット上に情報がゴロゴロころがっているためここでは割愛します。毎日15～30分で構いません、どこかで練習時間を作り、まずは指先にキーボードの位置を徹底的に染み込ませて、単語・短文レベルでスラスラ打てるようにしましょう。

その次に、会議のメモを自分なりに書いて行き実践で使う単語・文・文章に慣れていくようにします。ちなみに実際の会議でよく使う言葉や文章には、徹底練習しておけば本番でも十分対応できます。毎日少しずつ、キーボードを全く見ないでタイピングする日を想像して繰り返すことが重要。慣れないうちはついついキーボードを見てしまうのですが、絶対に見ない！　たくさん間違っても絶対見ない、という風に練習すると習得効率が高くなる気がします。とにかく短期間で身につけてしまいましょう！

【B】単語登録

全ての単語をその場で入力することは非常に難しいため、単語登録・辞書ツールの活用をおすすめします。入力する手間が省けるため効率良くメモを書くことができるようになります。単語登録とは、例えば「あ」と入力してスペースキーで変換すればすでに登録済みの「ありがとうございます」が出てくるという機能のことです。

よく使用する単語を登録しておくことで次回からの入力をラクにします。同じような単語・文章を入力する手間が省けるのに加えて入力のミスなども防ぐことができるようになるのです。

他方、予測変換では出て来ないような単語の入力の手間も減らすことができます。例えば「送客（集客した顧客を営業へ送って実際の売上に繫げる）」という言葉を私は頻繁に使用しますが、実はこれ普通に「そうきゃく」と入力して変換しようとしても、まず出て来ません。こういう時にも「送客」を登録しておけば非常に便利です。ということで、どんな単語を登録しておけばよいのか？　についてですが、ずばり〝登場頻度が多いのにもかかわらず入力の手間・文字数が多い単語〟をおすすめします。

「いつもお世話になっております。」や「ご確認宜しくお願い致します。」などの決まり文句的なものは、使用頻度も非常に高いため登録しておきたいところです。「させていただけませんでしょうか？」などの入力中にミスしやすいものもおすすめ。またメールアドレスや電話番号、住所なども入力の手間が多く、かつミスすることが許されない情報であり、これも登録しておきたい。私は「メル」と入れると使用中の4種類のメールアドレスが出てくるように設定しています。これはことのほか便利です。

単語登録・辞書ツールの例

使うものは全て登録すべし！

Google 日本語入力 辞書ツール

よみ	単語
あ	ありがとうございます。
い	いつもお世話になっております。
お	お送りさせていただきます。
お	お疲れ様です。
お	お返事ありがとうございます。
ご	ご確認宜しくお願い致します。
ご	ご査収くださいませ。
さ	させていただきます。
さ	させていただけませんでしょうか？
い	以上、宜しくお願い致します。
ひ	引き続き宜しくお願い致します。
よ	宜しくお願い致します。
と	取り急ぎ
と	取り急ぎのお返事となりますが、以上…
し	承知しました。
ほんじつ	本日はお時間を頂戴しまして、ありが…
ぼ	///////////////////////////////////…
ぼ	………………………………………………
あ	■
あ	□
あ	◇
あ	●
ぼ	―――――――――――――――――…

次に○や‐‐‐‐‐などの記号類を登録しておくと眼前可視化時に非常に便利です。私は「あ」と入れると●■□◇などが出てくるように設定しています。「あ」にしている理由は打ちやすくて使用頻度が高いからです。また「ぼ」と入力すると、

：：：：：：：：：：：：：：：：：：：：：：：：：：：：：：：：：：：：：：

――――――――――――――――――――――――――――――――――――――

／／／／／／／／／／／／／／／／／／／／／／／／／／／／／／／／／／／／／／

こういう記号を連打して棒のようにしたものが出るようにしています。これは左の例のように、メモ中のタイトルを目立たせるのに非常に便利です。

単語登録の詳細なやり方については、これもネット検索するとゴロゴロと出てきますので割愛します。ちなみに私はGoogle日本語入力の変換がスムーズで好きです。そして、このGoogle日本語入力の辞書機能をメインに使っています。

【C】ありのまま書き

眼前可視化時の基本姿勢は、集中して「相手の発言」に耳を傾けること。「ありのままに書く」ことが重要で、メモする側がアレンジ・編集を勝手にやらないようにしたい

7　タイプ術とアジェンダ設定：眼前可視化ノウハウ②

20231003_オフサイトMTG検討_BBQ企画

――――――――――――――――――――――――――――――
■目的
――――――――――――――――――――――――――――――
普段仕事で絡む人同士で、「人」として仲良くなる

★仲良くなるとは？
(1) 何をお互い「知れば」仲良くなったと認定するのか？
　A:ポジ系　仕事以外、プライベートのこと　例=趣味
　B:ネガ系　弱み、苦手、嫌い

(2) どういう状態に「なれば」仲良くなったと認定するのか？
　A:共通項がある
　B:無理なお願いができる
　C:気軽に呼べる
　D:ライトなダメ出し「何やってんすか～、いい加減にして～」
　E:★関係性が可視化される

――――――――――――――――――――――――――――――
■方針
――――――――――――――――――――――――――――――
1:グループ内でワイワイ会話しながらお互いの人となりを知れる企画がよい
2:別にグループ超えて自由に喋ってもよい
3:BBQ3hのうち15-30分程度企画が冒頭と〆にあればよい
4:焼き係をやれる人がやるは避ける

ところです。例えば本書では、言葉の定義が重要だとお伝えしてきましたが、相手がどういう意味でその言葉を使ったのかについては、まずは眼前可視化してみてその上で吟味する必要があります。

　相手の脳内を「ありのままにぶちまけてもらう」「脳内の思考そのものが映し出されている」のが理想、いや、理想なんてレベルではなく、絶対にそうしたいほどです。

　それというのも……眼前可視化直後のありのままのメモ＝ありのままの言葉遣い、内容・構成をま

ずは見てもらうことで初めて、相手がどう感じるのか、言葉の定義を再確認するとしたらどこなのか、整理整頓をどうするのか、どの優先順位が高いのかなどを先方が検討することが可能になるからです（この時点でアレンジ・編集が加わってしまうと、これは元々どういう風に言っていたのか、どういう言葉で言っていたのか、と原形を確認する手間が必要になってしまい非効率になります）。

とにかく「脳内にあるもの」をありのままに外へ出してほしい、一切加工していない情報を眼前にさらしたい、というわけなのです。

頻発する「アレ」について

【D】アジェンダ準備

会議に入る前に、下記のようなアジェンダを準備してメモ帳などに貼っておきましょう。またアジェンダを見せながら「本日の会議はこのアジェンダで進めます。私が皆さんの目の前で会話内容をメモしていきます。それを見ながら発言してください。またメモ内容が間違っていればどんどんご指摘ください」とコメントを入れてから、会議を開始します。

コツとしては、アジェンダの項目ごとに番号を記載しておくことをおすすめします。今どこの話をしているのか、どこまでアジェンダが進んだのかなどについて会話する際に、「次に○番について議論をしていきましょう」「今おっしゃった話は、○番について、ということでよろしいでしょうか？」などとアジェンダ項目名を言わずに済み、スムーズだからです。また、この例には④問題、⑤問題の発生要因をわざと大きく書いています。本書で何度も触れる事項になり、会議や仕事の生産性を飛躍的に向上させるために非常に重要な項目です。必ずアジェンダに加えてください。

アジェンダ例

事前にメモ帳に貼っておく

①会議名/日時/参加者
②会議開催の背景
③本日のゴール
④問題
⑤問題の発生要因
⑥課題と打ち手
⑦スケジュール
⑧決定事項/ToDo
⑨次回持ち越し事項
⑩次回会議予定

【E】放り込み

三島由紀夫にインタビューした人が、文字起こしがそのまま原稿になったと振り返っていたのを記憶しています。しかし、会議の相手がみな立て板に水のように話すかというとそんなことは極めて稀です。事前作成したアジェンダ通りに話すことはないという前提で取り組みましょう。むしろ相手には思いついた通りに発言してもらい、こちらがアジェンダの各項目に放り込んでいくイメージで、その方が相手の発言・思考を引き出しやすいです。いかに相手の思考回路の動きを封じず、どんどん情報を出してもらうかが眼前可視化の成否を握っています。話す順番もありのままに、相手が話しやすいように、脳内を出し切りやすいようにファシリテーションしてあげてください。

相手の発言を聞いてアジェンダに放り込む際にどの項目が好適か悩む場面がありますが、多少間違っても気にすることはありません。後で見返して修正すれば事足りる程度なので、相手の発言ペースにおくれを取らないよう、雑でもいいのでどんどんメモしてどんどん放り込むことが肝要です。

ちなみに、アジェンダのどこに放り込めばいいか分からない時は、相手に聞くというやり方もあります。「今おっしゃっていることは課題についてですか？　ゴールについてですか？」という風に。この質問によって相手も自分が今何について話しているのかを意識しながら発言するようになり、結果として相手の「思考円滑化」や「脳内吐き出し円滑化」にも寄与します。「自身が何を話しているのか理解しながら会話できる人はそう多くない」ことを理解しておくと、相手に質問したり聞き直したりすることをためらうケースが減って、ひいては面倒ごとやトラブルを未然に防ぐことにつながります。

ちなみについでに申し上げると、そういったことをためらうのは相手に嫌われたくないとか、それで評価が下がってしまうかもしれないとか、ある種の恐怖があるからでしょう。その感情にとらわれながら会議に参加して眼前可視化するのは不可能です。

恐怖や評価を気にする人物に対し、相手が心を開き思考回路まで示してくれるのはなかなか難しいと感じます。相手から見れば「アナタは、私なんかよりアナタ自身に興味があるんでしょ？　なんでそんな人に貴重な情報を出さなきゃならないの？」というわけです。例えば自慢話や最近の苦労話ばかりする人の相手をしているとウンザリして疲れてしまうことがあるように、「興味関心の矛先が自分自身に向いている」相手とは打ち解けにくいものです。

会議では相手から放出される情報に全集中が基本。自分のことは一旦置き、相手の気持ちや思考の勢いを殺がないような準備をしましょう。この「矛先」については後で詳しく触れることにしますね。

【F】もう一度言ってもらう

もっとも、そうやって全集中で挑んでも、わからなかったり聞き逃してしまったりというケースが出て来てしまいます。「それはそういうもんだ」と思ってください。そもそも他人の発言を一発で聞き取って理解できるわけがない、だから可視化が必要なんだというスタンスですね。

仮にそういう場面になってしまったら「申し訳ございません。ちょっと書き切れていないところが出て来てしまいまして、先程の●●というところからもう一度おっしゃっていただけませんでしょうか?」と伝えてみましょう。会議は双方が作り上げるものだとの認識で臨んでもらっているなら、相手から不満が出ることはないでしょう。

加えて、この「もう一度言ってもらう」は頻発します。それでも問題ありません。その度に会議の内容が深まり、眼前可視化の精度もどんどん向上します。もしそういうのは失礼に当たるから不安だと感じる方は、眼前可視化の前に「聞き漏らしてしまった場合、もう一度言っていただいたりすることもあるかと思いますが、よろしいでしょうか？」などと断りを入れておくと、相手が嫌な顔をすることは全くと言ってよいほどなくなるはずです。

ところで眼前可視化をしていると、相手の話すペースとこちらの入力ペースが嚙み合わず、相手を待たせる「間」ができてしまう場合があります。これが怖い・申し訳ない気持ちがあるため、相手のペースで話し続けてもらったはよいものの、こちらはメモし切れない……という状況が生まれることも。それについてどう考えたら良いかという質問は多く、果たしてどうすればいいでしょうか？　これも正解は「しっかり伝えること」に尽きます。

会議冒頭に、「あなたの考えをしっかりと受け取りたいから、眼前可視化をします。途中で入力が遅くなる・止まってしまうかもしれないが、その時は待ってほしいです。また書いてある内容があなたの考えと違うなら即座に修正指示がほしいです」旨を相手に伝えておくのです。根底には相手や相手の考えへのリスペクトがあり、必死にそれを受け取り可視化しているからこそ発生する数秒の空白の時間にすぎません。「間」は愛。

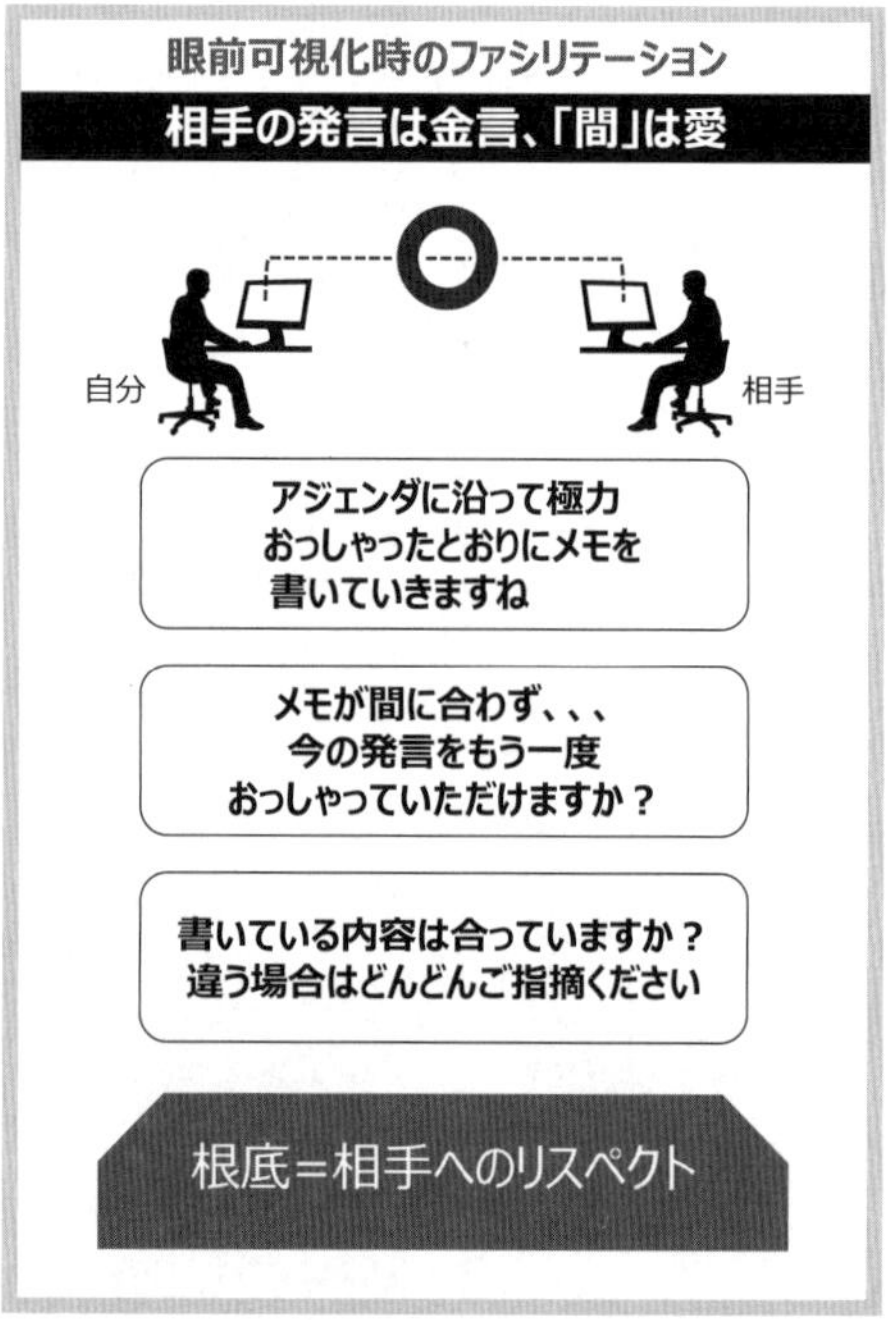
眼前可視化時のファシリテーション
相手の発言は金言、「間」は愛
自分
相手
アジェンダに沿って極力
おっしゃったとおりにメモを
書いていきますね
メモが間に合わず、、、
今の発言をもう一度
おっしゃっていただけますか？
書いている内容は合っていますか？
違う場合はどんどんご指摘ください
根底＝相手へのリスペクト

「間」を恐れる必要は全くありません。

【G】書いていること、合っていますか？

これまで見てきたように、眼前可視化は会議中に議論内容についてリアルタイムに共通認識を得るために実施するもの。ただ、メモをお互いに見ているだけだとその目的を達成できているかどうかがわからなくなってきます。したがって、適当なタイミングでそのことを確かめることで共通認識の精度を高めておきましょう。

やり方としてはアジェンダ全体の20％程度が進行した時点で、「ここに書いてあることは皆さんのご認識とズレはありませんか？」などと聞くことをおすすめします。「修正すべきことがあればぜひおっしゃってください」と付け加えてもＯＫ。一方でこういった全体に対する声がけが「議論進行の信頼度向上」に寄与することも間違いありません。どんな場面でも、振舞い方を見られているという意識は常に持っておきたいところです（9項にて詳述）。

8　ファシリテーションのコツ：眼前可視化ノウハウ③

眼前可視化時のファシリテーションのコツ

ここでは会議進行のコツについてもう少し深掘りして説明します。会議の場で眼前可視化していると、自身がファシリテーションをすることになる場面が多くなります。下記にそのコツについて説明します。

【A】こちらがリード
【B】主人公は相手
【C】漏れなし
【D】書きながら
【E】とりあえず使う汎用的思考フレーム
【F】事実と考察

【G】議論しないことを決めることも1つの議論
【H】眼前可視化FAQ

【A】こちらがリード

眼前可視化が上達してくると、現在進んでいる議論が会議アジェンダのどの部分についてなのか簡単に把握しやすくなります。そのため議論を止めたり・広げたりを自由にでき、議論をリードできるわけです。昔で言うところの会議室でホワイトボードに書いている人＝進行役＝ファシリテーションを行う人、というイメージです。誰かが議論をリードしてくれると会議参加者は意見を出すことに集中でき、会議の生産性が飛躍的に向上します。

【B】主人公は相手

眼前可視化をしている自分はあくまで黒子で主人公はその他の参加者である、という前提が重要です。ここまで相手の発言をリスペクトする、相手の発言は金言である、とお伝えしてきましたね。まさにそういうスタンスです。営業で言えば、顧客の抱える問題を解決することを主眼において議論を進めるべきで、顧客は何に困っているのか？　問題はなぜ起きてしまったのか？　これを炙り出すことを徹底したいのです。

そうではなく、顧客に売り込むためのヒアリングや議論だとすぐに相手に見透かされます。社内会議の場合はもちろん、自分を含めた参加者全員が主人公ではありますが、自身の意見を通すためという自己中心的なスタンスは同様にバレて、評価を下げかねません。あくまで会社の事業の問題は何か？　会議参加者が抱えている問題は何か？　興味関心ごとは何か？　についてワガコトのように対峙しつつ、黒子として議論を可視化していくことに徹しましょう。

【C】漏れなし

会議で最もやってはいけないことの1つに後出しジャンケン・ちゃぶ台返しがあります。会議後に「あれはやっぱり違うと思う」「本当はこう言いたかったが場の空気を読んで言えなかった、あの結論には従えない」「あの人ああ言ってたけど、本当はこう言いたかったんじゃないか？」「あの発言の理由がよく分からないなぁ」などなどを、愚痴のように参加者同士で語りあったことはありませんか？　むしろこっちの方が盛り上がってしまったり（笑）。

実を言うと、これは非常に生産性が低い状況で、きつい言い方をすれば「暇人が集まって会議をした結果の象徴」とも言えます。特に経営層の方は、この水準の会議が組織構成メンバーの労働時間の多くを占めているとしたら……というリスクをはっきりと受け止めてほしいです。

会議時間のムダが多く、組織の雰囲気を悪くさせ、疑心暗鬼や徒労感・諦めを蔓延させ、「どうせこの会議で決めたとしてもひっくり返るだろう。だから適当に参加してそれっぽいことを言っておけばいいや」「本当のことを言うと後で変に疑われるから当たり障りのないことを言っておこう」くらいの参加態度で会議をすることに何の意味があるでしょうか？　そこで発生したムダな人件費や会議室使用コストなどについて可視化はしませんが、こういうことなら会議室に集まらずにメールやチャットだけで「会議的なコミュニケーション」をするだけで良いのではと思ってしまいますよね？　会議のあるべき姿とは何かの答えの1つとして、議論は速いが雑じゃない、漏れがない状況を目指す、という軸を入れてください。

そのために、「言いたいこと全部出せましたか？」と随時確認を忘れずに。筆者の場合、「後出しジャンケン・ちゃぶ台返し、もしくは言った・言わないがあると会議がムダになりますし、雰囲気も最悪になりますからそういうことがないように、この会議に出ている皆さんは言いたいことはここで全部言っていただく、持ち帰らないというスタンスで参加して頂きたいです」くらいハッキリとメッセージの仕切りを入れたりもします。

その上で言いたいことを全部出せたかどうか、今からでも遅くないから言ってほしい旨を伝えて、参加者の脳内を出し切ってもらうようにしています。眼前可視化すればするほど、会議参加者の意見が全て出し切れているのか否かが把握しやすくなるため、「漏れなし状態」を実現できるようになります。

最優先の事柄は何か?

【D】書きながら

眼前可視化をする時のよくあるボトルネックとして、書きながら・会話しながら考えられない、ファシリテーションできないという悩みを聞くことが多いです。確かに複数のことを同時にやっているかのように見えて難しく感じるかもしれませんが、そんなことはありません。書いたものを見ながら考える・会話するから議論しやすいのです。そのメカニズムについて解説していきましょう。

8　ファシリテーションのコツ：眼前可視化ノウハウ③

（1）「書きながら」が難しい場合

会議中の会話スピードが速すぎる一方、メモを取る速度が遅くて、メモし切れないという悩みが少なくありません。この場合は先ほども触れたように、「もう一度同じことを言って頂けますか？」と伝えることも有効です。実は、同じことを繰り返すことで発言者も改めて脳が整理されて、議論の精度が向上します。

もう一度言ってもらうことを「相手の気分を害したらどうしよう～」と思って、我慢するのは絶対に良くないというのはもう理解してもらっていますよね。良いか悪いかは相手が決めることでこちらが勝手に決めるのは自己中心的で傲慢。「自分が嫌われるのが怖い」から遠慮ぎみな言動や判断をするのは、自身に関心が向いているだけで相手を見ていないということに尽きます。

（2）会話しながら・考えながら話を進めることの本当の意味

なぜ眼前可視化することによって、より考えられるようになるのでしょうか？　自分が考えていることを眼前に可視化すると、それを覚えておく必要がなくなり、客観的に見たり、もしくはその考えを進めたり深めたりすることに脳の工数を使えるようになります。自分が言ったことを覚えておきながら話の構成を考えつつ、さらに深掘りしたり広げたりを意識して会話するのは非常に難しい。今まで言ったことを一旦脇に置き、それを客観的に見ながら考え発言する方がよほど効率的に議論することができます。

【E】とりあえず使う汎用的思考フレーム

会議をする時には当然相手がいますね。投げかける疑問や質問について、ある程度のフレームがあると進行しやすいので、私が多く使うものを紹介します。

★パターン1

A：今1番困っていることは？

B：なぜそれが起きてしまったのか＝問題発生要因とは？

C：いつまでにどうしたいのか？

D：今検討している打ち手は？
E：今後検討したい打ち手は？
F：タスク＆スケジュール

★パターン2
A：ありたい姿
B：現状
C：課題＝AとBの差分
D：課題発生要因
E：打ち手
F：タスク＆スケジュール

これらをまずはメモ帳などに貼っておき、この順番にヒアリングしながら話を進めます。「まず、今1番困っていることを教えてください」「それはなぜ起きてしまったのでしょうか？」などと聞いていき、相手の答えをABCDの欄に入れ込んでいく。これだけで発言内容をある程度構造化できます。

パターン1もパターン2も非常に似ています。パターン1は困っていること＝今存在していることから会話するもので、こちらの方が議論しやすい。パターン2はありたい姿、ゴール、つまり今は存在していない未知のことで、そこから議論する意味では難易度がぐっと上がります。企業も個人も見たことがない未来を思考するのは非常に苦手です。が、本来のアジェンダとしてはパターン2の方が正解ではあります。ありたい姿＝ゴールのイメージが会議参加者で統一されていないと、そこから見た時の現状や未来との差分に関して意見がバラバラになりがちだからです。

結論としては、パターン1から利用し始めて、次第にパターン2を使っていく、というのをおすすめします。

【F】事実と考察

相手の発言を可視化していくときに、ポイントとなるのは事実と考察の切り分けです。

事実を言っているのか、そこに思い込みのフィルターがかかっているのか、そこを切り分けてメモすることが重要になってきます。切り分けずに議論を進めて行くと、思い込みだけで議論していって最後に事実が発覚したときに、思い込みと事実が相違していると、議論のやり直しや議論の前提条件が変わってしまうなどの状態になりがちです。最も避けるべきちゃぶ台返しになりかねず、その非効率を防ぐためにも、事実なのか考察なのか思い込みなのかを切り分けてメモしていく必要があります。

【G】議論しないことを決めることも1つの議論

眼前可視化していくと多くの情報が得られます。ある程度構造化したとしてもそうで、情報量そのものが多くなったり、論点が続出したりすることもよくあります。その場合は的を絞ることが重要です。何に1番困っているのか、何を1番先に解決したいのかに優先順位をつけることで、限られた時間内に何を決着させれば良いのかを決めることができ、会議の生産性を上げることができます。戦略とは捨てること、戦を略すこと。やらないことを決めて、それを決してやらないこと、です。

【H】眼前可視化FAQ

最後に、よく頂く質問とその回答を記しておきます。

眼前可視化時のファシリテーション
黒子でありながら議論をリードする
会議・商談の
生産性MAX
言いたいことを全部出せましたか？
おっしゃっていることは事実ですか？
それともご自身の考察ですか？
今"1番"困っていることは
何でしょうか？その発生要因は？
（基本方針）
広げて畳む・脱ちゃぶ台返し

Ｑ１：メモ帳？　ワード？　ソフトは何を使ったら良いですか？

　基本的にはスマホでもパソコンでも見られる「メモアプリ」を推奨します。社内のどのパソコンにでも入っているものでＯＫ。ワード、パワーポイント、エクセルについても、そのソフトですでに作っている資料があるなら、そこに追加でメモをしていく形でもちろんＯＫです。ある程度、論点の切り口が明確になっている場合、縦軸に部署Ａ、部署Ｂ、部署Ｃ、横軸に課題、発生要因、打ち手などを並べるといった整理がしたい場合は、エクセルがおすすめです。

眼前可視化研修の感想ご紹介

短時間でスキル装着可能！

いつも商談時の議事録が煩雑になってしまい、後で見返したときに理解できないことや漏れがあることが多々あったため、眼前議事録という方法は非常に有効だと思いました。

相手に見られながら書くため、誰が見てもわかる内容にする必要があり、商談後に再整理せずに済むので、業務の効率化にも繋がると思いました。

メモを抜け漏れなく取りたくても、メモを書いている間に間が生まれてしまうのがなんとなく気まずくて、急ぎ足になってしまい大雑把なメモになってしまうようなことがよくあったので、今後は相手にメモを共有し、適宜相違がないか確かめながら進めていきたいと思う。

単にメモを取るだけでなく、議事録を顧客にも共有することで信頼関係構築にもつながる。メモで営業力が変わる！

メモを取る中で、お客さんとの認識揃えを行うことがとても大事だと感じました。とったメモを復唱し、あってますか？と質問することでお互いの課題感も再確認でき、スムーズに会話できるなと感じました。

Q2：作ったメモの共有の仕方は？

　作った後は、参加者間でいつでも見ることができる場所に置きたいです。ドライブ上の共有ファイルにするか、社内イントラネット内の共有フォルダに入れるか、チャットツール内で保存しておくかなどは各企業の事情で決めてください。いつでもどこでも簡単に会議参加者の誰もが見られる、がキーワードです。

眼前可視化の使い所
要因特定や決定のための議論に使う
向いている
何かを決める会議
問題発生要因を聞く商談
採用面接
週次の営業会議
不向き
朝礼など短い会議
商品説明プレゼン
聞くだけの情報共有会議

Q３：誰が眼前可視化を実行するのか？

　大きくはこの2パターンになります。

・議論をもって行きたい方向がある場合→自分
・特にない場合→誰でもOK

社長や役員が参加する会議の場合は、社長はさすがにないとしても若手ではなく、その間くらいのナンバー3～4の役員クラスが眼前可視化をするのが好適です。

ある種のカルチャーとして「議事録取るのは若い子」という不文律があります。これは、議事録を取る仕事の重要度が低いという認識がベースになっています。すでにご理解頂いているように今回の眼前可視化は「議事録を取ることとは全く別、議論を進めるためのテクニック、ツール」という位置づけであり、非常に重要な業務だということを念頭に、誰が担当するのかについて決めてもらえればと思います。

9　相手の発言は「金言」、心の矢印は常に相手に向ける

相手の発言は全て「金言」

ここでは、眼前可視化の効果を最大限にするためのベースになる考え方について紹介します。

営業の場面で聞き取りをする際、顧客が一度発言した内容を後で思い出すことはあまりありません。仮に思い出したとしても内容やニュアンスが変化してしまっていることの方が多く、せっかくのナイス・アイディアも埋もれてしまいがちです。なので、顧客の言うことは金言として、ひとことも聞き洩らさない覚悟で臨みましょう。そうしていると顧客もその心意気を感じ、意味のない発言が減り、会議の品質が向上していきます。

日本人の平均寿命はじわじわ延びていますが、健康寿命を前提にすると、82歳・3万日が妥当なところではないでしょうか。

日数で言えば、仕事の礎を築く30代は3650回の朝を迎えれば過ぎ去ってしまいま

す。毎日新しく1人の人に出会っても3650人。そんなことは不可能だと言う人もいれば、それだけ会えば十分だろうという人もいるでしょうし、数を競うのではなく内容でしょうとの指摘もあるかもしれません。確かにその通りで、ここで私が訴えたいのは、時間が有限であるように人との出会いにも限りがあるということ、そしてそれを前提にして、1つ1つの出会いや付き合いは宝物だと捉えてもらいたいという点です。

その出会いや眼の前の方との貴重な時間を考えると、その方が一生懸命考えて発言した内容は何より大事にしたいと思いますし、その大切な思考内容がメモしないことによって霧散してしまう＝無かったことと同じになってしまうのも大変申し訳無い。そういった感情を「相手へのリスペクト」と名付け、日々自身でも使っています。これは顧問先企業の研修でも言うようにしています。

ちなみに古巣リクルートの研修で、このリスペクトについて伝えたところ非常に反響がありました。その日の研修内容で1番印象に残ったことは？　という質問でも多くの人がこのリスペクトについて述べていたことも非常に嬉しくて、多くの人に共感してもらえる考え方なんだなと感じています。

心の矢印とは？

さて、ここで眼前可視化に限らず、営業としてビジネスパーソンとして最重要だと思うスタンスについて説明します。私は、相手の考えていることに興味関心を持つ、自分ではなく相手に関心の矢を向けるという意識こそ大事だと考えています。まずはたとえ話から始めます。

あなたは子供を持つママです。

今晩、カレーを作ろうと、「人参、玉ねぎ、じゃがいも」を買いに八百屋に行きました。どちらの八百屋で買うでしょうか？

A：本日は私の大好きなシャインマスカットが大特価！　なかなか手に入らない上、周りのスーパーではない大きさ！　とってもお買い得です。

B：いらっしゃいませ！　今日はカレーですか？　いいですね！　ご家族は何人で？　小さなお子様がいらっしゃるのでしたら、今旬のさつまいもを加えて甘めのカレーはいかがでしょう？

八百屋さんA・Bそれぞれ興味関心の矛先＝心の矢印はどちらを向いているでしょうか？　内側＝自分に向かっている、外側＝誰かのために向かっている、という意味になります。実は、この心の矢印の向きが、大きな影響をもたらします。

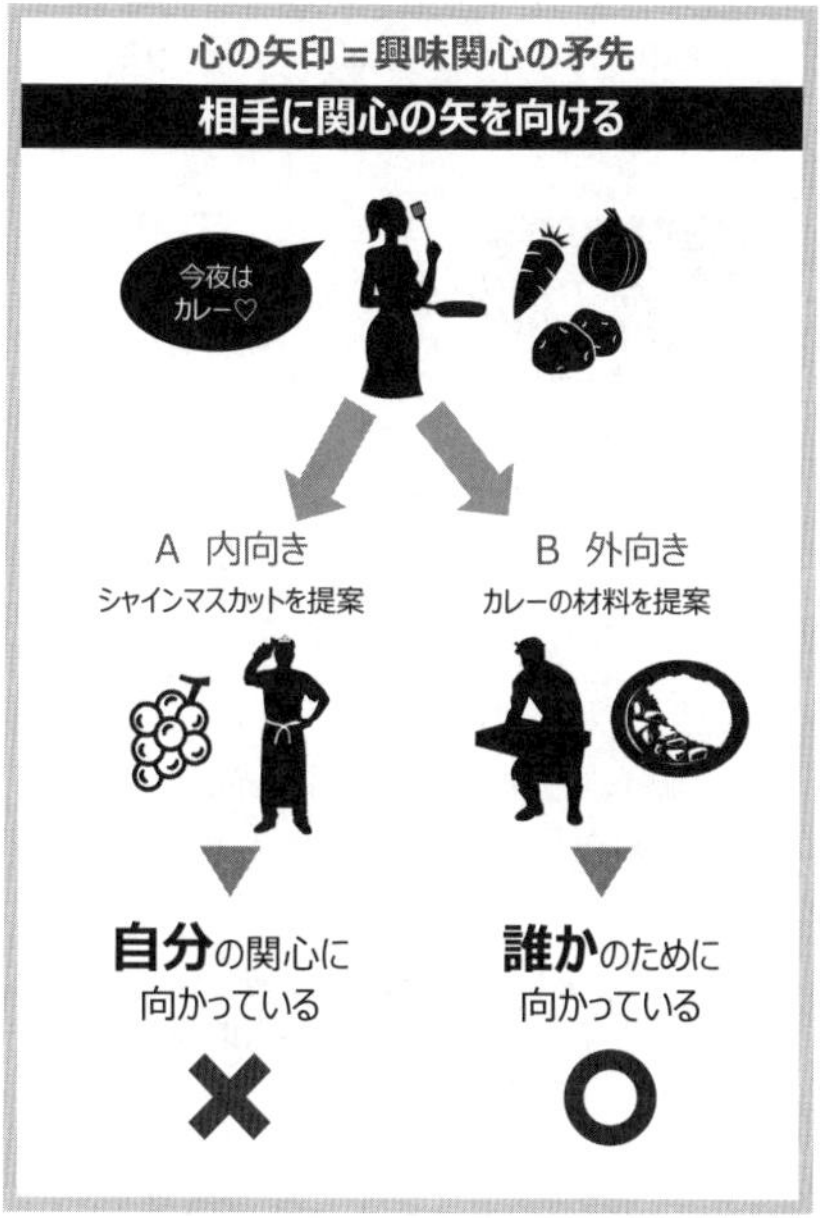
心の矢印＝興味関心の矛先
相手に関心の矢を向ける
今夜はカレー♡
A 内向き
シャインマスカットを提案
B 外向き
カレーの材料を提案
自分の関心に向かっている
誰かのために向かっている

心の矢印が外向きだとGOODスパイラルが発生します。

① 相手が興味を持っていることに関心を持つ
② 何をしたら相手が喜ぶかわかる
③ 成果が出る
④ 喜ばれる＝好かれる
⑤ 自己重要感が満たされる
⑥ やる気が出る

心の矢印が外向きのGOODスパイラル
どんどん上手く行く
①
相手の興味に
関心を持つ
②
何をしたら
喜ぶか分かる
③
成果が出る
④
喜ばれる
好かれる
⑤
自己重要感
満たされる
⑥
やる気が出る
関心の矛先を外に向ければ向けるほど
上手く行き、力量も幸福も増加
＝仕事の報酬は仕事

相手が興味を持っていることに
関心を持つ

このことで物事がすごく上手くいきます。自然と成果が出て、相手にありがとうと言われ自分が居てよかったんだと自己重要感や自己承認欲求が満たされ、それが次に何かをやる際のやる気を生み出し、今回これで成功したという背景があるためさらに相手の興味に関心を持とう・持ち続けよう！　という気持ちになる好循環になっていきます。

一方、心の矢印が内向きだとどうなると思いますか？　実は多くの人が陥りがちな状態になってしまいます。

①　自分の損得に関心がある
②　何をしたら相手が喜ぶかわからない
③　成果が出ない
④　喜ばれない＝好かれない
⑤　自己重要感が満たされない
⑥　やる気がでない、視野が狭くなる→思い通りにならないという不満が発生＝イライラする

こうなってしまうわけです。自分の損得に関心があるとは、代表的なもので言うと、
・嫌われたくない
・評価されたい
・これを達成したい（結果として褒められたい）
というものです。

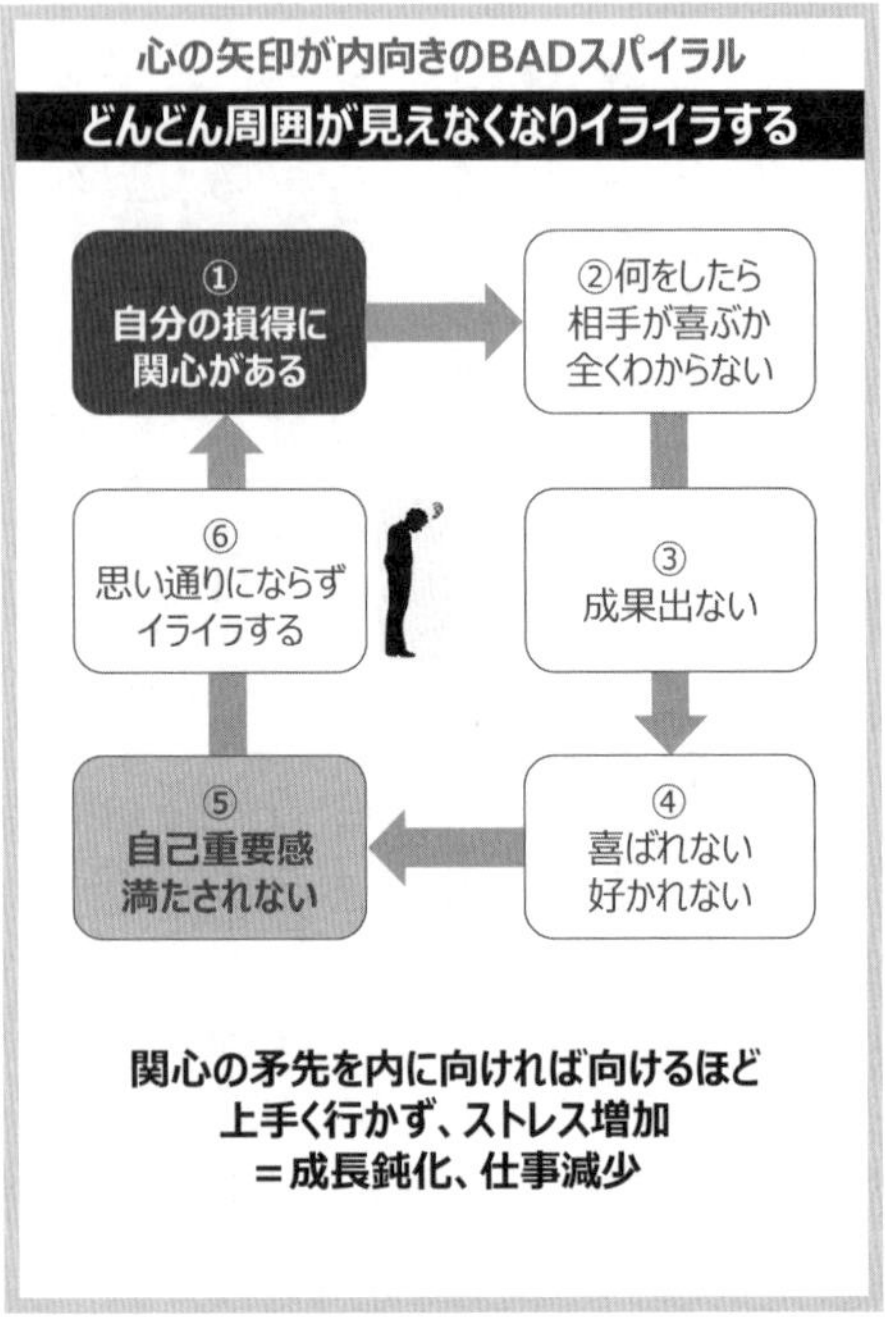
心の矢印が内向きのBADスパイラル
どんどん周囲が見えなくなりイライラする
①
自分の損得に
関心がある
②何をしたら
相手が喜ぶか
全くわからない
③
成果出ない
④
喜ばれない
好かれない
⑤
自己重要感
満たされない
⑥
思い通りにならず
イライラする
関心の矛先を内に向ければ向けるほど
上手く行かず、ストレス増加
＝成長鈍化、仕事減少

人間誰しも誰かに好かれたい、嫌われたり否定されたりしたくないものです。自分の損得に関心が向かうばかりだと、相手のことは「盲目」と同じレベルで全く見えなくなります。恋とは盲目でその反対は無関心という言葉がありますが、その状態に陥っていると言って差し支えないでしょう。それほど、心の矢印を内側に向けることはリスキーなのです。相手に盲目ということは、相手が不在だと言い換えてもいいほどです。

この状態で何かをやっても相手を見ていないでしょうし、相手が何をしたら喜ぶのかのポイントは皆目見当がつかず、驚くほど成果は出ません。大外しします。大失敗するでしょう。喜ばれないどころか、相手が怒り狂いクレームを言ってくるケースにもつながりかねず、「もう二度と来るな」的扱いを受けてしまうのです。これらは実は心の矢印が内向きの時に発生することがほとんどです。かなり極端に言っていますが、これが真実だと思います。

好かれたいから選択した行動なのに全くそうはならず、他人に嫌われて自信を失い、自己重要感も満たされることがない。自己承認などできない状態になり、自分なんか何をやっても上手く行かないといった感情ばかりがやって来ますし、当然やる気は出てきません。出ないどころかどんどん減少していきます。「心の矢印内向き」状態が加速して視野狭窄になり、相手の興味関心にアプローチしようなどという発想は起きなくなります。私が新人ビリ時代に坊主頭にしてしまったのは、こういう思考の現れだったのは間違いないでしょう。

まったく同じ人間でも、興味関心の矛先が外か内かだけで天国にも地獄にもなってしまう——。性格やスキルの問題ではなく、あくまでどこを見ているか、どこに興味関心を持つか、その重要性を知っていれば、間違った方向へ進んだとしても修正ができるようになるのです。

心の矢印の向きは数秒で変えられる

心の矢印の向きについて知っていれば、今の自分の矢印の向きを理解できていれば、その向きを変えて悪い状況を脱することができるようになります。ああ、思うように行かないな、イライラするな、自分ばっかり損をしている？　上手く行かない、というような気持ちになることは誰しもあるはずです。その時の状況を客観視しましょう。自身の気持ちや考えばかりに興味関心の矛先が向かってしまっているのでは？

その結果、ＢＡＤスパイラルに巻き込まれて、どんどん状況が悪化し続けてしまうのでは？　そんな状況で良いのか？　こんな状況を今からまだ続けるのか？　と自身にツッコミを入れてほしいのです。そしてツッコミを入れた後は、いやいやそれではダメだ、相手が何を欲しているかに関心を持つべく「エイヤ！」と心の矢印を外に向けます。これにより相手のことが視界に入って来て、何がほしいのかについて把握でき、ＧＯＯＤスパイラルへと突入します。この切り替えがスムーズになることが大きなメリットなのです。

自分に心の矢印が向いている時は、多くの場面で自分の「負の感情、負の思考」を見つめることになり、これが非常にストレス、苦痛になります。これを見たところで何も進まないはずなのに、そればかりを見つめて苦しい思いを継続してしまうことは体験として多いのではないでしょうか？　自身の心の鍛錬としてはアリかもしれないが、ビジネスにおいて物事を前に進める、何かの問題解決をすることについて対価が発生している状況下では、これは有効な選択ではありません。プロとしてはありえない選択肢と言ってもいいでしょう。

心の矢印の変え方
今の向きに気づけば変えられる
あぁ、思うようにいかない!
イライラする!何で俺ばっかり…
うわ!心の矢印内側向いてる!
BADスパイラルに
巻き込まれてしまう!
GOODスパイラルに
持っていかねば…!
相手の関心は何？
よーっし！
外向きに変わった!

今、目の前に起きている問題・タスクを次々とクリアするためのメンタルヘルスを保つためにも、自分のことより相手のことに目を向けるほうが効率的で気持ち的にもラクです。成果も出やすく、メンタルコントロールの手法としても、心の矢印を取り入れていただくと効果的だと思います。

10　若手の「わかったふり」、安易な「なるほど」の危険

会議は「社内ドラフト会議」の最前線

ここでは、自身に対する視聴率というお話をしたいと思います。これは特に新人研修でよくお伝えしていることです。ただむしろ中堅、ベテランメンバーの皆様にも同じ話をしてほしいというご要望をいただくこともあります。

人は多かれ少なかれ周囲の仕事ぶり、会話や行動に対して何らかの評価をしているものです。もしくは評価するまで至らなくても、何らかの印象を持っていることがほとんどでしょう。

例えば「あの人は仕事ができる、速い、質が高い、頭がいい、資料作成がうまい、ファシリテーションがうまい、周囲から気に入られている、盛り上げ上手」などポジティブなものから、「あの人は仕事ができない、性格に難あり、遅刻グセがある、やるやると言ってやらない、上にはいい顔して下には厳しい」といったネガティブなものまで。

あなたが周囲を評価したり印象を持ったりということは、あなた自身もそういう目で見られているということでもあります。他者と関わっている以上、一定量、「他者からの視聴率」が存在するわけです。評判＝周囲からの見られ方は重要で、特に上位役職者＝影響の範囲が広い人物になればなるほど評判の持つ重要性は増します。これを理解した上で若手時代から評判を作り上げた人と、そういうルールを知らずに過ごしてしまった人とでは、なかなか埋めがたい差が生まれていることでしょう。

ではどこでその評判を上げるのか？

最も視聴率が高い場面こそが「会議」なのです。総労働時間に占める会議のシェアは、個人差はあれど既に試算したように非常に高い＝投下時間が多い。つまり最も時間を使って人と触れ合う会議こそ評判をあげるチャンスであり、自分は常に見られているという意識で場をリードすることで実力も評判も高まっていくことと感じています。

若手は何を恐れているか

誰かに好かれたい・嫌われたくないと思っている人や特に新人・若手は「わかったふり」をしがちです。これは成長阻害の大きな要因になっていて、良くないと感じています。会議参加者がどういう意味で使っているかわからない言葉の定義を確認せずに場を進めてしまう。会話の流れが止まってしまうことを恐れているからであり、もっと言うと場の流れを止めてしまった自分の評判が下がること＝嫌われることを回避したいがための「わかったふり」なのです。

会話の流れが止まることよりも、精度が低いまま会議が進む方がよっぽどリスク・ムダが大きい。曖昧さを排除していった方が会議の精度や満足度は上がり、そういう場を作った人間は感謝を伝えられ、高い評価を得ます。裏返せば、本当に好かれたいなら、流れを止めてしまうべき、とも言えます。このカラクリが分かれば、何も恐れることはなくなり本来やるべき会議進行に集中できます。

こういった若手の「わかったふり問題」は各社で育成上の潜在的なボトルネックになっているケースが多いと思います。言葉の定義のごまかし・曖昧化の要因になるばかりか、「相手のアウトプットを止める」ことにも繋がってしまいます。情報を引き出したいのに、相手の口を閉じてしまうのはなぜか？

「なるほど」と返せば、「ああ、この人は理解してくれているんだな。話を次に進めて良いな」と感じてしまうもの。今出している情報をこれ以上嚙み砕いて理解してもらおうという意志や動機が低減します。一方、「なるほど」と言っているこちら側はわかったふりをしているだけで、本当はもっときちんと聞いて眼前可視化して理解を深めたい状況です。その理解促進を「なるほど」は止めてしまう。完全ストップと言ってもいいでしょう。

とにかく、あまり理解できていない段階で場のスムーズな進行だけを狙って「なるほど」を連発するのは避けましょう。むしろ、「ここがわかりません」と食いついて行って理解しようとする意気込みを見せた方が、相手は信頼してくれます。この食いつきを通じて一緒に考えてくれた方が、相手もスッキリします。「そうそう、これが言いたかったんだ！」にたどり着きやすいです。場のスムーズな進行に価値があるというのは幻想。安易な「なるほど」は若手もマネジャーも使用禁止にしてしまいましょう。

11　議論をスムーズにする「枕詞」テクニックと決めゼリフは「いま御社が……」

超実践的技法

「あれこれ相手に食いつくにしても、言い方を間違えてしまうと相手に失礼にあたってしまうかも……」といった懸念もあることでしょう。そんな時、あると良いのが「言いたいことの頭につける言葉」＝枕詞です。私にとって想定外でしたが当社の顧客に研修などで触れるととても喜ばれ、ニーズの大きなコンテンツになっています。すでにご自身の芸風にマッチした枕詞をお持ちの方はともかく、もし気に入ったものがあれば使ってみてください。ここではその枕詞を4つのカテゴリにわけて解説していきます。

1　受け取る＝相手の言うことを鵜呑みにせずに聞き入れ、議論を進めるための確認や入口・前提の修正を行う。こちらは「受け方」の種類によって、さらに場合分けできます。

・純受け→丁寧系 or 丁寧系（なぜなぜ深掘りバージョン）or 盛り上げ系
・一旦受け→トラブル防止系 or 話修正系
・受け流し

2 進める＝議論をスムーズに進行する／ブレがあれば修正、違う議論に行きたくなればそちらへ誘導する。こちらも進め方によって、以下のように分かれます。
・進行スピードアップ
・話修正→プチ修正系 or ビッグ修正系

3 封じる＝議論が暴れそうな展開を先に洗い出しそれを阻止する、また、トラブル回避のための釘刺しをしておく。

4 仕留める＝相手の抵抗パワーを極力正面から受けずに議論を収束、確実に成果を獲得する。

では、各パターンについて、具体的な例を紹介しておきましょう。

①受け取る　純受け→丁寧系

No.	枕詞	意図
1	不勉強で申し訳ございませんが、こちらについて教えて頂けませんでしょうか？	へりくだる感じで／もっとヒアリングしたい場合に投入
2	きちんと理解させて頂きたいため、もう一度お伺いしたいのですが	相手の意図が不明な場合に投入
3	その言葉の定義なのですが「……」という意味で合っていますか？	言葉の定義が不明瞭な場合に投入
4	再度、確認ですが「……」で合っていますよね？	認識ズレを無くし、意図しない方向に議論が行かないか途中で確認
5	「……」ですね… ※完全にオウム返し	相手からさらに情報を引き出す

①受け取る　純受け→丁寧系（なぜなぜ深掘りバージョン）

No.	枕詞	意図
1	無邪気にお伺いしますが、それはなぜでしょうか？	とにかく正面突破
2	ちなみにそれはなんででしたっけ？	話の流れでサラッと深掘り
3	しつこくて申し訳ないんですが、これってなんででしたっけ？	まだ深掘りが足りない時に相手を嫌な気にさせず低姿勢で
4	今おっしゃったことの背景は何でしょうか？	理由を聞かれると行き詰まるが、背景なら話せるという場面で使う
5	さっきおっしゃったことはこれですよね？ その理由はこれですよね？ 次にですね、これの理由は何ででしたっけ？	「理由の理由」を聞くというスタイルそのものを理解して頂きつつ理由を深掘りする

①受け取る　純受け→盛り上げ系

No.	枕詞	意図
1	今のお話最高ですね、もっとお伺いしたいのですが	情報をさらに引き出す
2	うわ！　そう来ましたか！　全く予想していませんでした	予想外だが納得している、という思いを伝える
3	○○さんもおっしゃってました、確かにそうですよね	相手に安心感を与えさらに話を進める
4	あははは ※笑う	こちらが非常に納得していることを演出
5	うんうん ※首を大きく振る	

①受け取る　一旦受け→トラブル防止系

No.	枕詞	意図
1	それは絶対無理かもと思いつつ、一旦お伺いしておりますが	受け取り後、断りを入れるための布石打ち
2	それはトラブルにつながるなと、うっすら思ってきました	トラブル未然防止の前フリ
3	実はそのお話、よくトラブルになるんですよね～	
4	100あるとしたら1か2はネガティブなことが起きますよね～、一般的にも	
5	200％危険ですので、その筋はやめておきましょう	ありえない場合には 即却下

①受け取る　一旦受け→話修正系

<table>
<tr><th>No.</th><th>枕詞</th><th>意図</th></tr>
<tr><td>1</td><td>その視点で見れば、
200%おっしゃるとおりです</td><td>一旦相手の意図に添い遂げて、その後反論</td></tr>
<tr><td>2</td><td>一旦そういうことだとした場合に</td><td>軽く話を進め、その方向ではないことを認めてもらう前段</td></tr>
<tr><td>3</td><td>極端に言えばそうです</td><td>相手がこちらに認めさせたい場合に一旦受けてみる</td></tr>
<tr><td>4</td><td>うわ、気付いていませんでした、そのお話の方が正解だと思います</td><td rowspan="2">相手の話の方が筋が良い、もしくは自分の意見を変えたいという場合に投入</td></tr>
<tr><td>5</td><td>お話聞けば聞くほど私が間違っておりました</td></tr>
</table>

①受け取る　受け流し

<table>
<tr><th>No.</th><th>枕詞</th><th>意図</th></tr>
<tr><td>1</td><td>今のは「ちょっと言ってみたけど、やっぱりいいや」みたいなことですよね</td><td>無茶ブリは早期に却下</td></tr>
<tr><td>2</td><td>お話を戻しますと</td><td rowspan="4">全然違う話をされた時は相手を不愉快にさせず丁寧にスルーして、本筋に戻す</td></tr>
<tr><td>3</td><td>頂いたお時間を無駄にしないためにも、早速本題ですが</td></tr>
<tr><td>4</td><td>今いただいたお話と、角度まるっきり違いますが</td></tr>
<tr><td>5</td><td>世間的にはそんなこともあるかと思いつつ、今回のお題はですね</td></tr>
</table>

②進める　進行スピードアップ

No.	枕詞	意図
1	私が言おうとしてたこと全部言われちゃいました（笑）	議論進行速度をアップさせ違う方向に行かせず一気にゴールへ
2	もう、それ心は決まっちゃってるじゃないですか！　最高です！	
3	先ほどから全くその通りだなと思いつつお伺いしています	
4	今回はここまでにして、次回はこのあたりを議論させてください	スムーズに宿題確定へ進める

②進める　話修正→プチ修正系

No.	枕詞	意図
1	話の筋が違ってたら申し訳ないのですが	ズレ始めた議論をやんわり修正
2	その方向で進めますと後々ズレてくるかもしれませんので今のうちに……	
3	少々話を戻しますと	
4	申し訳ございません、少々話に追いつけておりませんで	そもそも話の進行に追いつけてないというアピールで話を初期に戻してしまう
5	実は同じことを○○さんと言っているつもりだったのですが、ちょっと分かりづらかったですよね??	微妙に違う筋の話を、“私とあなたは同じこと言ってます”と断言して一旦衝突を完了させる

②進める　話修正→ビッグ修正系

No.	枕詞	意図
1	確かにおっしゃるとおりです。ところで、今から真逆のことを言ってしまうのですが	真っ向対決で話を大きく変える、ひっくり返す
2	無理を承知で「…」したいのですがいかがでしょうか？ 100％無理ですか？	
3	先ほどNOをいただいたお話をもう一度持ち出してしまうのですが	
4	たしかに目的が「…」でしたらおっしゃるとおりなのですが今回の目的は「…」だとお伺いしてましたのでそれでいきますと	そもそも論で手段にとらわれた議論を元にもどす
5	「…」というお考えでしたらやめたほうがいいと思います、やるべきじゃないですよ	強くゆさぶり本音を引き出す／大きく戻す
6	全然違う角度のお話になりますが	全く違う話に展開していく

③封じる

No.	枕詞	意図
1	トラブルになるとお互い損ですから	トラブル発生の可能性を指摘することでトラブルを回避し、実際トラブルが起きてもクレームまで発展させないようにしておく
2	このパターンは絶対にトラブルになるんですよ	
3	リスクは絶対ありますが、その心づもりの有る無しで大分違うかと……	
4	本当に正直言うと上手く行くか分かりません	相手が責任を被せてきそうな時に投入
5	おっしゃってることは100%分かりますが、とても無理そうで責任とれませんよ	
6	これ決めてしまうと動かせないのですが、完全決定で問題ございませんか？	後々議論が暴れるのを完全に防ぐ

④仕留める

No.	枕詞	意図
1	例えば／仮に～だとしたら	やる前提で提案すると否定されやすい、これを回避する
2	仮にやると決めた場合に	今決めきることができないことは否定されやすい、これを回避する
3	できる・できないよりはやりたいかどうかで決めてみませんか	可否議論は「否」という結論になりやすい、これを回避する
4	私としては、ぜひYESと言って頂きたい	自分の意志を素直に伝える
5	まずはやってから考えてみるというのはいかがでしょうか？	やる前提の雰囲気を作る
6	心の底からお願いします、やってください	お願いされるとYESと言いやすくなる場面もある

決めゼリフは「いま御社が……」

実はこれ、リクルートの全社レベルでの営業成績上位者、トップオブトップのセールスパーソンが頻繁に使う質問として知られています。私のマネジャー時代に2人、全く同時期ではないのですが、このスーパーセールスがメンバーにいました。2人とも小柄でパワフルな女性。他の企業なら大人数を連れて商談に行くような相手でも、カバン1つ身1つでどんどん乗り込んでいって関係性を構築し、【課題ヒアリング→提案】まで多くの顧客の皆様や、リクルート社内メンバーを巻き込んで仕上げて、どかーんと大型受注してしまう、そんな超人たちでした。

何かすごいことを言っているとかカリスマ性があるということではなく、とにかく相手に寄り添う。相手の抱える問題を解決するために思考・行動を繰り返す。自身がどう見られているかなど、微塵も関心がなさそうでした。

そんな彼女たちが新規顧客のみならず既存顧客との商談でも、必ず「今1番困っていることは何ですか?」と言っていたのです。相手が大企業の役員クラスなどどんな上位役職者でも、全く同じように率直に質問していました。

投げかけのタイミングも絶妙で、商談冒頭でサラッともったいぶらずに。自己紹介と営業の〝最強の質問〟

全営業が商談時に聞くべき！

今、1番困っていることは何ですか？

か会社紹介とかの商談における冒頭のパーツもそこそこに何よりもまず「1番困っているのは？」を確認する。特に1番と優先順位をつけていると相手は回答しやすいですし、こちらとしても顧客が最も解決したい問題、つまり顧客が予算投下の判断がしやすいテーマだけを抽出して会話できるため、営業活動としても非常に効率的です。

そして合意が得られればすぐに実行。そのスピード感にも目を見はるものがありました。ぜひ、商談に限らず社内会議でも活用してみてください。

12　老舗企業が陥る「ニーズ対応専門営業」という罠

とにかく未来を描くことが苦手

老舗企業や業歴が長い企業の経営層と話していると、「うぅ、痛いところを突かれた！」という反応をいただくテーマがあります。日本にはそういった企業が多く、その意味では日本の趨勢を握っているとも言えます。

ひとことでいうと「ニーズ対応専門営業」の抱える陥穽で、顧客のニーズ対応のみを行っていて、注文待ちばかりしてしまっている状態がそれです。大仰な言い方になりますが、顧客が生殺与奪の権を握っているのは当然として、こちらが顧客の課題をヒアリングして積極的に提案して、その提案なら乗ろう・発注しようと顧客に思わせるような営業アプローチが展開できるかどうかというところなのですが、なかなかそれが難しいのが「うぅ、痛いところを突かれた！」に現れていると思います。

業績計画は他力本願・ニーズ頼みとなり、個社別に能動的な営業アプローチをベースとした計画が策定できない。作ったとしても「絵に描いた餅」「空想的計画」になりがちで、とにかく未来を描くことが苦手。裏返せば、描かなくても毎年それなりに業績が達成できて、食えていたということではあります。

ニーズ対応のみ営業をする企業の特徴とは？

【A】個社別の営業アクションプランが作れない、既存客の深掘りも新規開拓も弱い。

【B】攻めの業績・行動計画を作れない、前年同程度という守りの計画を作りがち。

【C】経営層がもっと計画を高く作れと言うと、机上の空論で作ってしまう。具体性がなくスケジュール・タスクまで詳細に落とし込めずざっくりした行動計画になる。よってやりきれない、振り返れない。起きたことが成功なのか、失敗なのかの認定ができない。問題発生要因分析できない・しない。

【D】結果、獲得業績金額の大きさを主な軸とした評価査定に偏り、評価制度に「納得できない」感が発生しやすく、モチベーションや活気が全体的に低い。「どんな仕事をしても評価は同じでしょ、ならば楽な方へ」となりがち、意欲は総じて低下する。

【E】この構造を打破したい経営層は、研修をやたらと受けさせたがる傾向にあるが、意欲が低いメンバーからすると迷惑でしかなく、「また社長が or 部長が研修やらせてくるよ」といった愚痴になりがちで、経営に対する信頼度は低下するばかり。メンバーは社内で自分自身の居心地を良くしたいので飲み会やプライベートでは仲が良い風を装うが、仕事では変なセクショナリズムを作ってしまい、笑顔で乾杯しながらテーブルの下では足で蹴り合っているかのような疑心暗鬼な組織風土に陥りがち。

上記のようなことを伝えると「ああ、まさにうちの会社です」と自戒を込めて返す企業トップは本当に多いです。「なんで当社のことをそんなに知っているんですか？」と驚かれることもしばしば。

運と偶然による経営

煎じつめると、「ニーズ対応専門営業」は失敗も成功も実感を持てない、マネジメント不可能な組織運営状態に陥っており、毎年同じ水準の業績獲得を繰り返す、運と偶然による経営という状況をもたらします。長年これが当たり前＝企業文化となっている可能性が高く、どんな戦略戦術を投下しても効果が出ません。既存のビジネスモデルで成功し続けていた、これに頼り切っていたということです。

ニーズ対応専門営業をする企業の特徴
成功体験が呪縛となっている
数十年会社が続く強いビジネスモデル
ニーズが来るのを待っているだけで
そこそこ業績を作れてしまう
他力本願な
営業スタイル
消極的な
業績目標
やりきらない
振り返らない
基準曖昧な
横並び評価査定
頑張る意味なし
ラクな方を選択
運と偶然の経営
マネジメント不可
経営層もどうしていいかわからない
飲み会では仲良し、仕事では疑心暗鬼

「ニーズ対応」しかやらない営業を軸とした組織運営である、という事実をまずは認識しましょう。この風土が根強い企業は、未来を予測することが本当に苦手です。ひとりひとりがそういう性質を持っているケースが多い。1ヶ月、3ヶ月、半年後のゴールに向けてこういう動きをしていくという、ゴールから逆算してのプランニングができない、ということなのです。

13 「経営の意図が落とし込めない」が現場を疲弊させる

経営の意図が落とし込めないのは現場のせいではない

多くの企業でメンバーの皆さん向けの1on1を実施させていただきます。経営層が摑めていない問題を可視化するためです。そこで「会社や事業に要望することは何ですか？」と質問させていただくと、多くの方が「会社として事業部としてどこを目指しているのか？　示してもらえると現場としても動きやすい。また色々な議論を現場で行っているが、会社としてどう決めるのか？　上からの意志を教えてほしい」とおっしゃいます。

これは何が起きているのでしょうか？

結論から言うと、ゴールイメージ＝どこに向かっているのか提示せずに、現場で実際

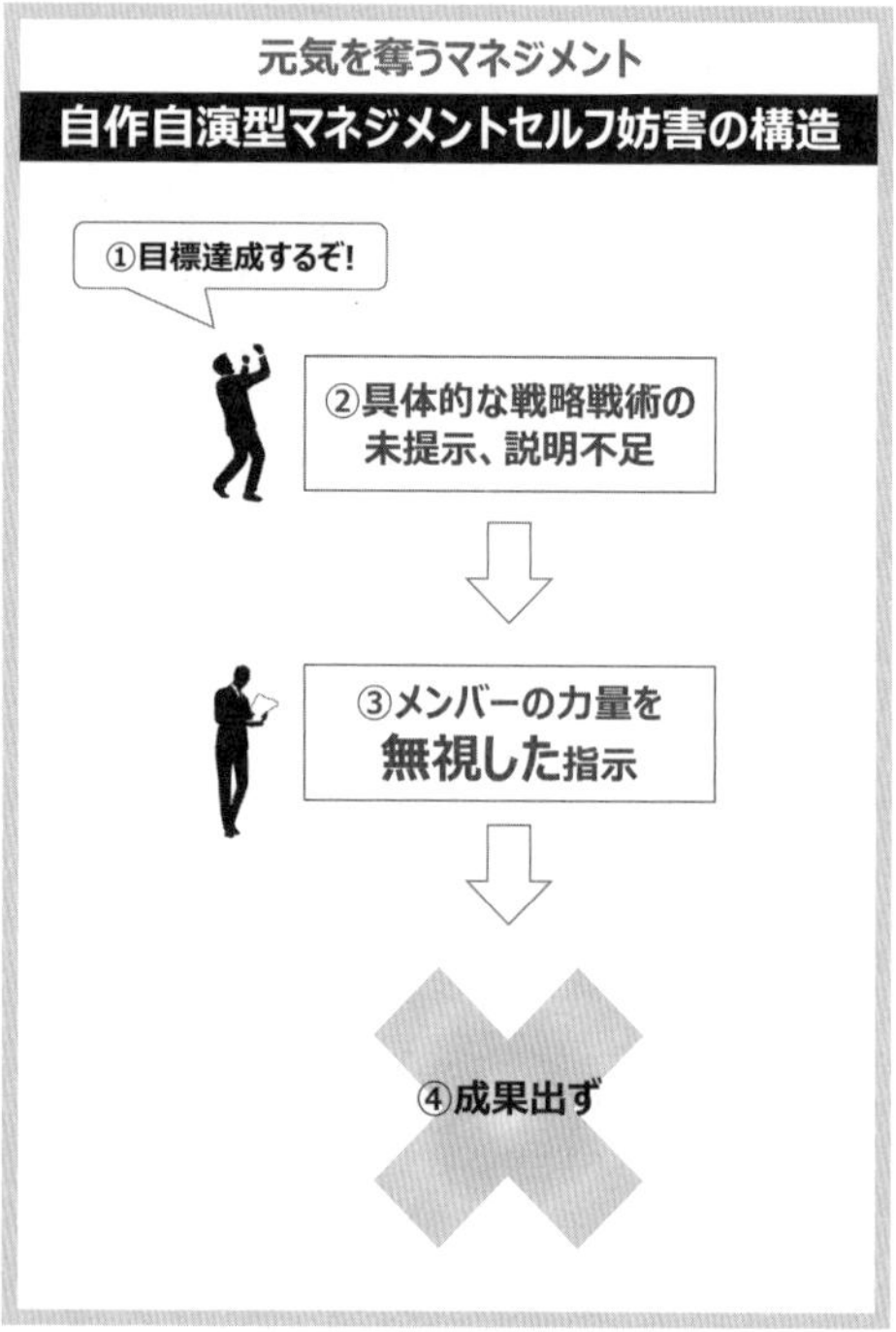
元気を奪うマネジメント
自作自演型マネジメントセルフ妨害の構造
①目標達成するぞ!
②具体的な戦略戦術の未提示、説明不足
③メンバーの力量を無視した指示
④成果出ず

に動く、指示出し対象メンバーの仕事の力量を把握せずに、あれをしろ、これをするなという指示を出すマネジメントが横行してしまっています。このやり方がメンバーのやる気・元気を奪っていることに気づいているマネジャーはどのくらいいるでしょうか？

いざ目標達成をするぞと言いながら、具体的な戦略戦術＝どうやれば勝てるのか？について未提示、説明不足のまま、ざっくりと指示命令をくだしたところで、ビジネスに慣れていないメンバーの場合は指示内容が理解できません。

成果を出せないのは当然で、何を相談したらいいのか、「何がわからないのかがわからない」状態になる。これに対してマネジャーは「気合が足りない、本気出せ、頑張れ！」と筋違いのフィードバックをすることになります。このフィードバックミスがメンバーの元気を奪ったり、マネジャーに対する不信感を醸成したりして、指示命令の通らない組織風土を作り上げます。

元気を奪うマネジメント
自作自演型マネジメントセルフ妨害の構造
④成果出ず
⑤メンバーは相談ポイント
不明のまま上長相談
⑥やる気がないなどの
フィードバックミス
怒られて
元気無くす

　では、原因は誰が作ったのでしょうか？

　どうすればよかったのでしょうか？

　とにかく、詳細に生々しくリアルに、ゴールのイメージや方法を伝えればよかったのです。受け手の力量に合わせて解像度を調整するのです。そもそもそういったものがないなら問題外ですが、少しでもイメージを共有することで、「それなら、こういうやり方がいいんじゃないですか?」と積極的な提案が出てくるかもしれません。つまり主体性・当事者意識が芽生える可能性もあるのです。

「弊社では経営側の意図が伝わりづらい」との愚痴は少なからずあります。ただ、その伝え方がうまくいっていないことはそれ以上に多くあります。経営の意図が落とし込めないのは現場のせいではなく、経営側にあることが往々にしてあるのです。

眼前可視化はこのために使ってほしい↓「問題発生要因の特定」

多くの企業との間で多くの会議をする中で見つけた、決定的に良くないことを1つ挙げるなら、「問題発生要因を特定せずに打ち手ばかりが議論されていること」があります。なぜそれが起こったのか、問題発生要因を特定しなければ本当に効果的な打ち手はわからないはず。以下、問題発生要因特定の手順を説明します。

あなた(自分)は、あるメンバー(相手)に重要な会議に参加するよう指示していました。ところがメンバーが「寝坊しました」と言ってきた。遅刻したのです。「気合が足りない。今度は早く起きろ、目覚ましかけろ！」と詰めたくなるところですが、問題発生要因を特定していくと意外なことがわかったりします。

相手：寝坊しました
自分：なぜ寝坊したのですか？
相手：目覚ましをセットし忘れたからです
自分：なぜ目覚ましをセットし忘れたのですか？
相手：本日の会議が重要だという認識が薄かったからです
自分：なぜ重要だと思わなかったのですか？
相手：私が参加して発言したところで何も影響ないからです
自分：なぜ影響がないと思うのですか？
相手：その会議での自分の立ち位置や参加目的がわからないからです
自分：なぜそれがわからないのですか？
相手：とりあえずその会議に出ろと言われたからです

つまり、マネジャーがメンバーに会議に出ることの意味付けをしっかりできていなかったというマネジメントのエラーが問題発生要因だったということが明らかになりました。したがって、解決策はメンバーが目覚ましをかけることではなく、マネジャーが会議の目的や価値をきちんと伝えること。加えて、その会議でメンバーはどんな立ち位置でどんな発言や参加態度を求められているのかを可視化して伝え、実現できたかどうかについて毎回フィードバックすることが求められます。

そこまでやってはじめて、メンバーの間でその会議に絶対に遅れるわけにはいかない、むしろ早く到着して会議参加者とやり取りしながら場の空気づくりでもしておいたほうが良さそうだな、そうだアジェンダも自分で提案して、事前に参加者の中でも発言力がある人とすり合わせして会議進行の流れも事前にイメージしておこう……などと、自発的・主体的な参加態度が生まれる可能性が出てくるのです。

問題発生要因を特定すれば、そもそもマネジメントの品質に問題があったことがわかるだけでなくメンバーの主体性を引き出すことにも成功する——。あくまでたとえ話ですので、「そもそも寝坊は社会人としてダメ」というツッコミは脇においてくださいね（笑）。ルーズなだけと見られがちな寝坊も深掘りして行くと、これまで見えていなかった視点が現れてくることも少なくありません。

問題発生要因を特定しないことの死活問題

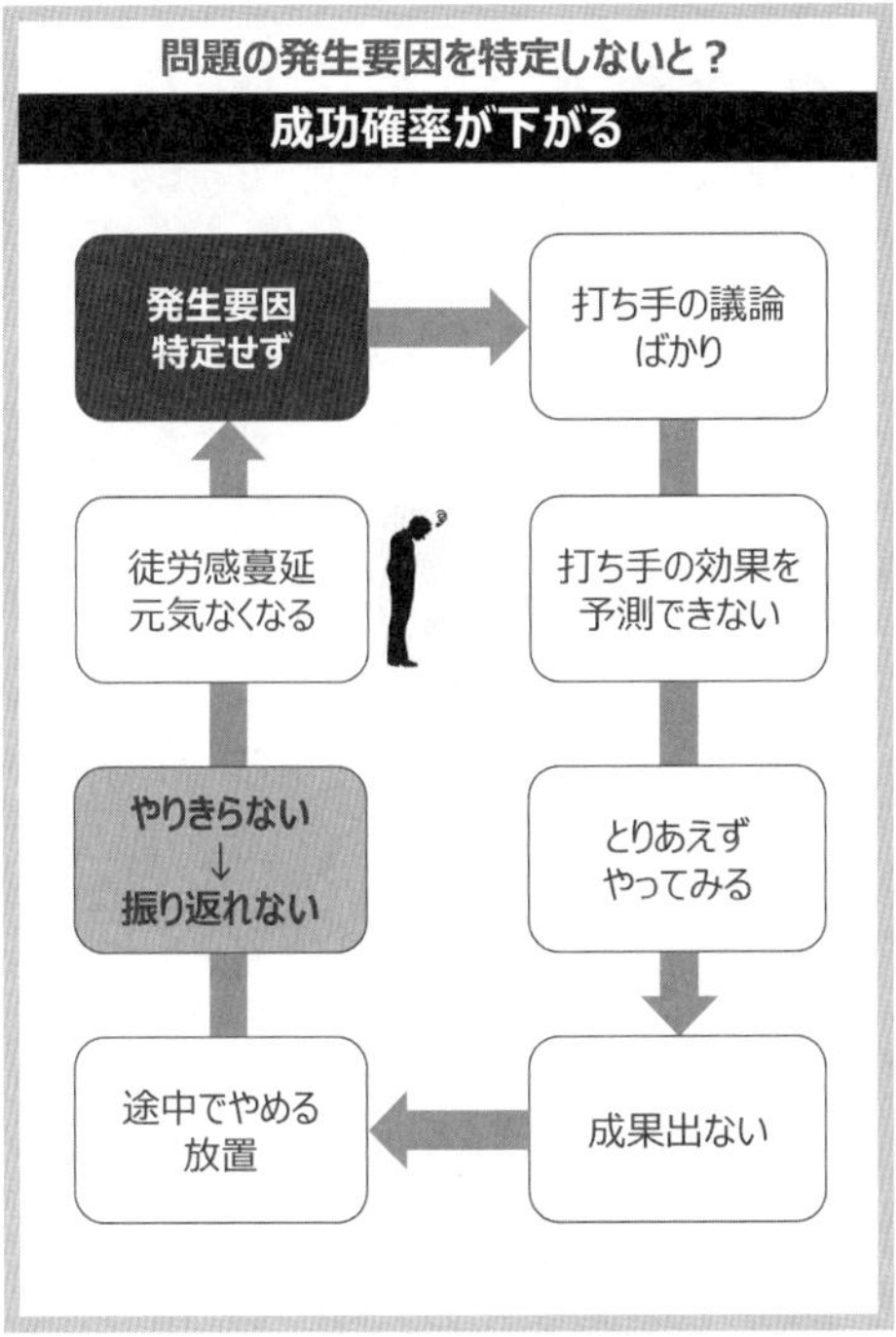
問題の発生要因を特定しないと？
成功確率が下がる
発生要因
特定せず
打ち手の議論
ばかり
打ち手の効果を
予測できない
とりあえず
やってみる
成果出ない
途中でやめる
放置
やりきらない
↓
振り返れない
徒労感蔓延
元気なくなる

この図は、多くの企業や組織がやってしまっている「打ち手ばかりの議論」がもたらす負のループで、これではダメ、メンバーがかわいそうだと筆者が日々感じていることです。

1：発生要因特定せず

ある問題が起きた時に、なぜそれが起きたのかについて根本的な要因を特定できていないということです。先程の寝坊の例にあるように「なぜ？　なぜ？　なぜ？」と突き詰めない状況を指します。そもそも要因を掘ろうという考え方が欠如している場合も多い。物事には必ず因果関係というものが存在しているはずで、ここに目を向けていない状態に陥っています。

2：打ち手の議論ばかり

問題の発生要因が特定できていないため、打ち手の議論はぼんやりしたものになりがちです。ブレストばかりが先行し、やるべきことがどんどん積み上がり、組織全体としての工数が増えてしまいます。あれもこれもやらなければいけない、時間がない、そんな中でどれからやっていけばいいのか？　やったら意味があるのか？　不安や疑心暗鬼が生じ始めます。

3：打ち手の効果を予測できない

要因を特定しない打ち手の議論は当然ながら、どんな効果が期待できるのかまるでイメージが湧かないものです。こういう時の打ち手は筆者の経験上、大掛かりで壮大かつ具体性のないものか、極端に小粒かつ今やる必要のなさそうなものか、どちらかになってしまいがちです。

4：とりあえずやってみる

効果の予測が立たないが時間だけは過ぎゆく、それがもったいない、早く解決したいからまずはやってみよう！　という指示が経営層・マネジャーから出てくる可能性があります。一見前向きに見えるものの、まるで根拠がなく無謀で、それを誰も止められずとりあえず全員で実行へと突入するケースが後を絶ちません。結果的に、これが多大な時間と労力のムダ遣いをひたすら生み出すことになります。

5：成果出ない

割と早い段階で、成果が出ないことが数字に現れてきます。しかし、ここでもなぜ成果が出ないのかについては分析しないため「気合が足りない、頑張ればもっといける、本気なのか？」という精神論が力を持ち始めます。成果が出なければ出ないほど、この精神論が加速する印象があります。

この時の被害者は誰でしょうか？　成果が出ない中、頑張り続けると最前線のメンバーはどうなってしまうでしょうか？　疲労・疲弊が急速に増え、「覇気がない」状態は必至。精度の低い打ち手の乱発は、成果が出ないばかりかビジネスの最前線で戦う人たちの元気も奪ってしまいます。

6：途中でやめる、放置

元気を奪われ続けた結果、打ち手を実行する力が「無」になった時どうなるでしょうか？　打ち手はすべて一旦ストップ、突然の終了を迎えます。成果予測が成り立たない打ち手は当然のことながら、いつまでに何がどのくらい完成するのか、ゴールから逆算した詳細なスケジュールやタスクは描かれないケースが大半です。

さらに悪いことに、途中での緊急ストップ時に、その打ち手が全体のどこまで進んでいたのか、どこまで到達したのかについてもはや誰もわからなくなっています。どこに向かっていたのか、どこまで来たのか、誰も何もわからない状況を作った「決裁権を持つ人たち」への不信や嫌悪、諦めも同時に生まれていることでしょう。もちろん、それらは表には出てくることはありません。

7：やりきらない→振り返れない

そもそも、問題発生要因は何か、なぜ成果が出ないかという観点で物事を見ていない人・組織は、「振り返る」という概念も持ち合わせていません。振り返りが甘い企業は実は多く、運任せの場当たり的な判断と実行で何とかなってきてしまっている場合は、特にその傾向が強い。また振り返りノウハウそのものが欠如しているケースもあります。振り返りとは、事前にしっかりと計画を策定していないとできません。当初想定していたスケジュール・タスク・成果に対し、部署別、個人別に何がどこまで到達したのかという結果の整理と、なぜそういう結果になったのかという要因分析が必要なのです。

※そして、振り返らず、次の打ち手議論

振り返ることなく、元気ゼロの状況から一定期間が経過し、体力が少しずつ回復してくると問題発生要因の特定、前回の途中放棄について振り返ることなく次の打ち手の議論が始まってしまう傾向があります。「打ち手を議論していると仕事している気になってしまう病」とでも名付けましょうか。打ち手の成果分析をせずに打ち手ばかりの議論が横行します。こういう場合の議論は自分たちの視界・経験・価値観の中で立案し続ける傾向が強く、問題発生要因を特定せず振り返りもしないくらいの水準に止まりがちです。

※論点ぼやけて、議論工数多大

先述の「打ち手を議論していると仕事している気になってしまう病」は、議論を論理的に積み重ねるのではなく、思いつきの乱打の産物にしてしまいます。そうするとA：声の大きい人、B：権力・決裁権のある人の案が良いということになりがちです。またこういう時に限って、AやBは「現場で意見を出しなさい」などと言うことがあり、一生懸命に現場から意見を出しても、結局AやBの気分で根拠なく方針が決定されたり、社内における政治的ネットワークが反映されたりする場合もあり、真っ当な議論が成り立たない可能性が高い。論点は不明確なのに議論の労力だけはやたらと必要で、ひいては組織全体の生産性がかなり低下することは想像に難くないでしょう。

8：徒労感蔓延、元気なくなる

1〜7までが積もり積もると、「議論しても、打ち手を実行してもしょうがない、意味がない、成果が出ない、先に進まない……」との思いを組織に所属する大半が持つこととなります。優秀な人物から抜け出て、徒労感で思考停止した人物か、これではいけないと立ち上がる変革者のみが組織に残ることになりますが、いずれにせよ、どこに向かっているのかわからない船を漕ぐ元気は既に残されていません。次なる問題に対峙した時に、問題発生要因を特定する力はなく、また同じ負のループを再現することになってしまうでしょう。

14　経営層の嘆きランキング1位
「マネジャー（部長・課長）が頑張ってくれれば……」

「なぜ？　なぜ？　なぜ？」と掘り下げると……

営業組織が抱える問題について経営層からよく聞くセリフがあります。

「当社のマネジャー（部長・課長）がもっと頑張ってくれれば良いんだけどなあ。なんか弱いんだ」

このひとことから問題を可視化し、発生要因を特定していきます。具体的に弱いとは何か？　頑張るとは何か？　について経営層の脳内を可視化します。たいていは、

・業績を負う責任感がない

・自分で打ち手を考えない、主体性・積極性がない
・現場で起きていることを正しく早く報告してこない
といった不満に行きつくことになります。ここでは、「業績を負う責任感がないとはどういうことなのか？」について解像度を上げていきます。そうすると下記のような実態が見えてきます。

・KGI、いわゆる目標数値しか見ていないために営業締め日から逆算した行動計画を立てていない。
・実績改善の指示があやふや・明確ではなく、数字を後追いする打ち手が具体的に立案できず、「がんばれ！」「モチベーションアップ」という抽象的な指示出しが中心に。
・メンバーを放置していて、メンバー本人がその日の行動目標を把握できず、勝手に動いている＝コミュニケーション不足に。
・問題や課題を把握する能力が低いため小手先、表面上の打ち手を連打し、全体的に組織が疲弊し、どこに向かっているかわからない。

ここで、先述の通り問題発生要因の特定をすべく、「なぜなぜ」と深掘っていきます。

1：やり方がわからない
2：やり方をわかっていてもやらない

さらにここから「なぜなぜなぜなぜ？」と深掘ります。

1：なぜ、やり方がわからないのか？
・教えてもらってないから↓なぜ、教えてもらってないのか？
・そもそもやり方が統一されていない、あるべきやり方がないから↓なぜ、ないのか？
・どうすれば業績が上がるのかというやり方について社内共有をしていないから↓なぜ、議論しないのか？
・それが重要だという認識が社内にないから↓なぜ、ないのか？
・業績獲得が現場任せだから↓なぜ、現場任せなのか？
・そういう経営方針だから＝業績獲得に経営側が本当のところで言えば興味ないから

↓なぜ、興味がないのか？

2：なぜ、やり方をわかっていてもやらないのか？

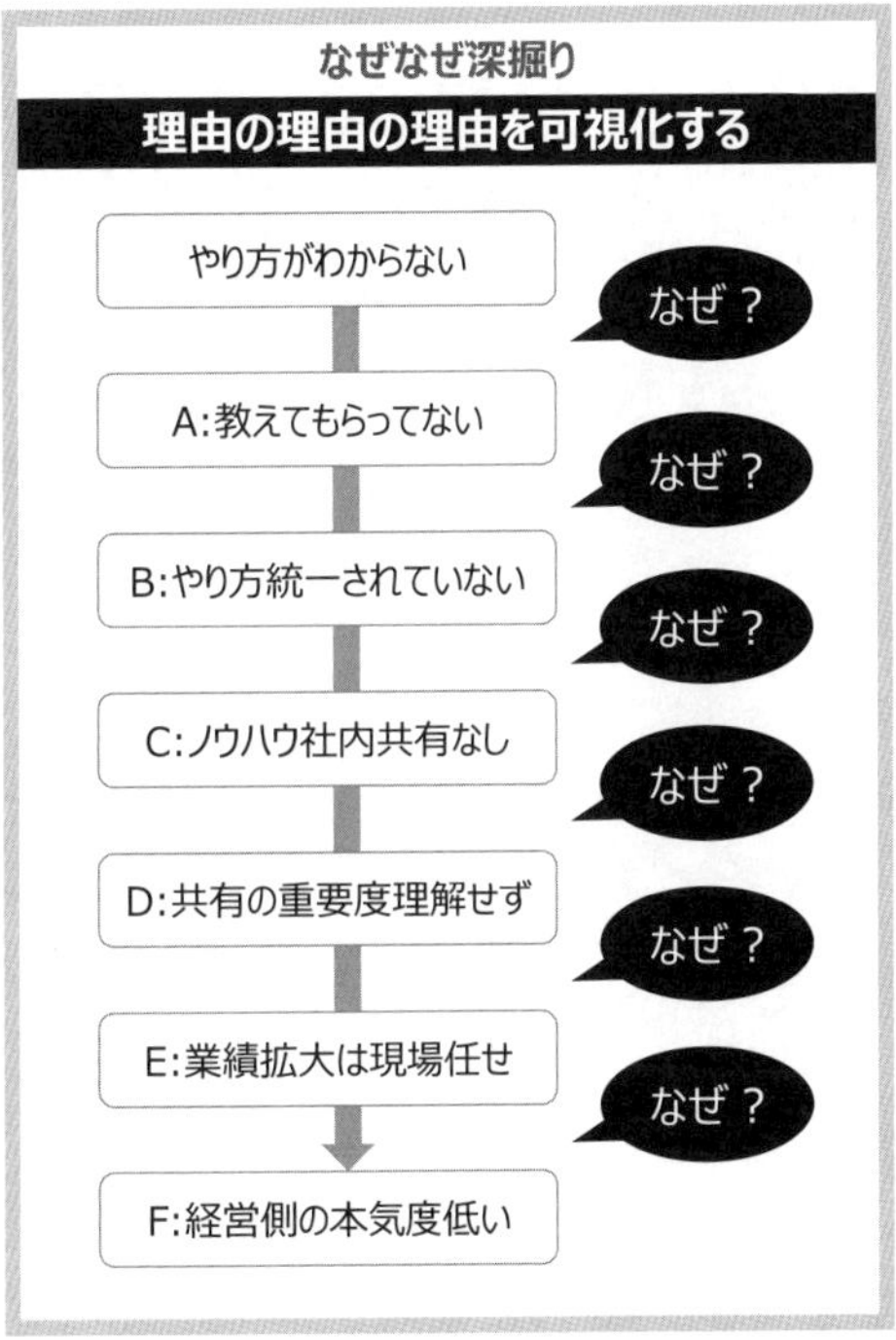

・やってもやらなくても実績さえ出せばOK、評価が変わらないから↓なぜ、評価が変わらないのか？

・マネジャーのミッションや評価方針が不明確だから↓なぜ、不明確なのか？

・業績あげればマネジャーになってしまうから↓なぜ、なってしまうのか？

・そもそも「どんな人物をマネジャーにして、何を任せどう評価するのか？」がないから→なぜ、ないのか？

・組織戦略としての各ポジションの定義やミッション、出すべき成果が可視化されていないから→なぜ、可視化されていないのか？

・そういう経営方針だから＝業績さえ上がっていれば誰が何をやろうとどうでもいいという理解だから→なぜ、そういう理解なのか？

意志が失われて行くのはなぜ？

こちらでも結局、経営層に問題の発生要因がある、という着地になりがちです。これはほとんど全てのコンサル案件に当てはまるパターンです。

では、なぜ企業を経営しているにもかかわらず意志が失われていくのでしょうか？業績獲得に根本的な興味がない、もしくは業績さえ上がっていれば何を誰がやろうとどうでもいいという理解になってしまうのはなぜでしょうか？

・業績が上がろうが下がろうが、経営層が直接的なリターン・リスクを得られない
　例：自分以外の大株主が存在していて、自身はそんなに保有していない
・経営に本心からの興味がないまま、社長になってしまった
　例：３代目社長
・周囲にほぼ全部やってくれる役員・番頭がいる
　例：先代からの取締役営業本部長が右腕
・役員が友人関係にありビジネスパートナーではない
　例：友人・知人と起業
・シンプルに学習不足・世間知らず・自身の客観視不足である
　例：成功体験がないままに社長や役員に就任
・時代の流れなど外的要因である程度成功してしまった
　例：自身の経営力ではなくビジネスモデルが当たったことで企業成長してきている

眼の前にある情報・出来事に「なぜなぜなぜ？」と問いかける習慣を身につけることで、表面に出てきていないものが見えてくるようになり、生産性が圧倒的に向上します。

15　できるマネジャーは仕事のレベル感とメンバーの気持ちがわからない

責任感は本当にないのか？

企業の成長を促進するのは経営層だと考えるのが自然でしょうが、実は成長を阻害・ストップさせているのも経営層だということがままあります。「仕事ができる人が偉くなる」という構造が、企業成長のボトルネックになってしまうというふうにも言えるでしょう。

前項でも見たように、彼らはしばしば「責任感や当事者意識が薄い、やる気がない、本気度が低い人間ばかりだ」と言います。ある会社で「A氏の責任感が低い、これを引き上げることはできるか？」と相談された時のこと。A氏のどんな部分についてなぜ責任感が低いと感じるのかという端緒から、今回発生した問題とその発生要因の特定をすることにしました。

〈問題〉

A氏のマネジャーがある案件のある工程について「やったか？」と問うと、「やりました」とA氏が回答しました。その進捗報告をするためにA氏は、〝プロジェクトを一緒にやっているが特に横連携はしていない〟X部門に問い合わせして進行状況をヒアリングする必要がありました。が、A氏はそれをせずにマネジャーに「やりました」と伝えてしまっていたのです。

〈マネジャーが考えた問題発生要因〉A氏は自分の仕事の重要性を理解していない、マネジャーとの信頼関係も大事だと思っていない、つまり組織に所属する人間として仕事を全うすることへの責任感がないとの結論になりました。

〈私の問題発生要因特定プロセス〉普段の仕事ぶりにおいて全体的に責任感がないとの印象があるのか、そうではなくて今回の件でそう思ったのかと確認したところ、答えは後者でした。A氏は普段から多くのことについて何らかのアクションをすっ飛ばしてしまう人物ではないらしい。責任感がない→すっ飛ばして手抜きするとの判断は早計だなと感じました。

次にA氏が1つのステップを省いた部分を掘り下げていきます。背景を確認してみると、A氏はそれなりに優秀ゆえに現在多くの案件を抱えておりオーバーワーク状態にありました。さらにこの企業の特徴として1つのプロジェクトを複数部門で担当していても、各部署が何をどこまでやっているのか進捗が見えない業務フローになっていました。

したがって、B部門がやった仕事をC部門に渡すと、そこから「せめてここまではやってくれ」とクレームが発生し、一方でB部門はそもそも「我々の仕事はここまでだ」と線引きしており、B部門とC部門との間に「誰がやるのか不明な仕事」が複数発生するという問題も同時に抱えていました。

同じプロジェクトをやっているのに、「隣は何をする人ぞ」状態に陥っており、そういった体制そのものに問題があるのではという仮説を唱えたところ、A氏のマネジャーも「まさにそのとおりだ」と言うので、体制とフロー見直しをしていくことになったのです。

無責任経営の発生要因

A氏のマネジャーは非常に優秀で多くの修羅場をくぐり成果を上げてきた人物です。仕事ができる人は、「仕事ができない、もしくは普通にできる人の気持ちや考え、仕事のレベル感を決して理解できない」という問題があります。A氏はそれなりに優秀なのですが、そのマネジャーはさらに優秀。「仕事ができないやつは責任感がない」、これを知らず知らずのうちに振りかざしがちです。これだけならパワハラ・モラハラなマネジャーとして一掃されて終わりなのですが、人望・人徳があるタイプが多い。

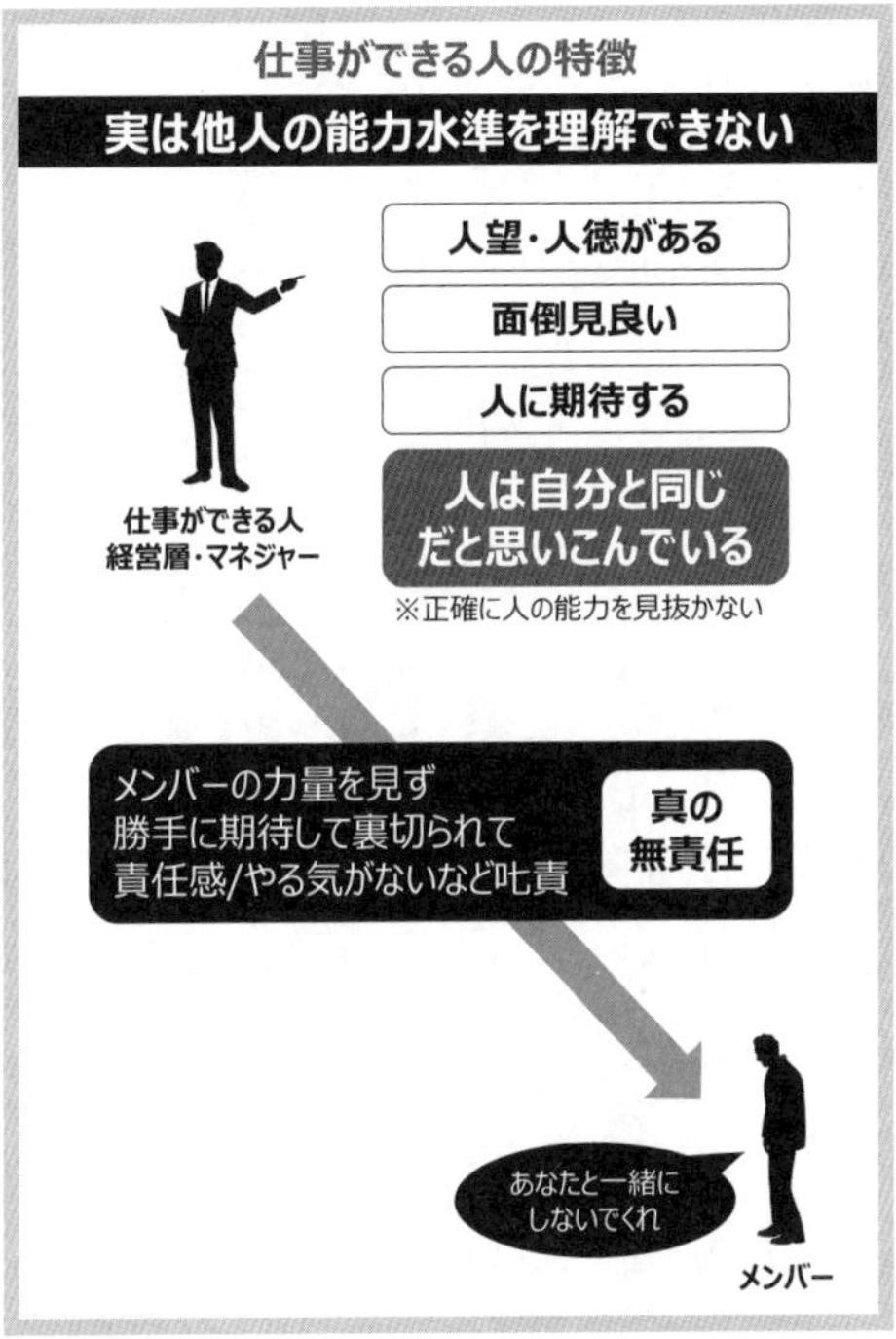
仕事ができる人の特徴
実は他人の能力水準を理解できない
人望・人徳がある
面倒見良い
人に期待する
人は自分と同じだと思いこんでいる
※正確に人の能力を見抜かない
仕事ができる人
経営層・マネジャー
メンバーの力量を見ず
勝手に期待して裏切られて
責任感/やる気がないなど叱責
真の無責任
あなたと一緒にしないでくれ
メンバー

人が好きで相手に期待

し、ちゃんと向き合って面倒を見るし叱る時にはそうする……といったスタンスで、仕事ができて組織で出世して行った後に、その人自身が的確なマネジメントにおける阻害要因になっているケースがあります。メンバーの仕事に対する向き合い方を冷静に見定め、それに合わせて業務を振り分け指導することが大事なのに、自身の価値観を押し付けるかのように対応してしまうのです。期待の表れのつもりでも、同じ人間ではありませんから、責任感や当事者意識を共有するのは難しいことでしょう。

このような「仕事ができて、良い人のまま役職についた人」像を掘り下げると、こんなパターンになります。

・自身と同じように他のメンバーも仕事ができるようになるべきだと思っている
・仕事ができない人物の感情・思考・行動は理解しようとしない
・配下メンバーに勝手に期待し、勝手に裏切られて、責任感がない人だと思い込む
・良い人でいたい、そうしていると気持ちがいい

一方的な思い込みが悲劇を生むことはマネジャー・メンバーに限らず、普通の人間関係でもありがちかもしれません。相手の無責任をあげつらう一方で、自身の無責任は棚

に上げ、現実逃避に近い状態で現状を眺めている――。これは「仕事ができる人」では全くありませんし、自身が標榜する理想の姿でもないはずです。

16 失敗要因ランキング1位は「時間がなかった」問題

解像度の高さ

ここ最近、ビジネスの場でよく耳にする解像度という言葉。解像度が高いとは、今は存在していない未来がよりリアルに詳細に生々しい映像として見えることを示します。

「洗濯を依頼する」場面でたとえるならば、

・解像度が高い＝今日の13時までに、我が家の子供の服を全部洗濯して干して畳んで、元にあった場所に入れてほしい、畳み方はシャツはこう、ズボンはこう、ワンピースはこう、このようにしてほしい。

・解像度が低い＝洗濯やっといてほしい、以上！

となるでしょうか。解像度が高いと共通認識を得やすく、「ワンピースの畳み方のご依頼はこうでしたが、実はこういうやり方もありまして、そちらはいかがですか？」「今回お子さんの服が対象ですが、お父様お母様の服も対象にしましょうか？」などと、自主的な提案が出てくる可能性も高い。概して、依頼側の目標達成の確率は高くなるでしょう。

一方、解像度が低いとゴールのイメージが明確ではないため、依頼された側に納品時の品質が委ねられてしまいます。丸投げと言ってもよいでしょう。依頼された側はある種自由にできるため、自主性は発揮できるように見えますが、それに対して依頼側が満足するかどうかは不透明。解像度という概念はこういった依頼をする・される、ゴール・ミッションを決めるなどの場面で多用するものと認識いただければと思います。

理想的な循環は、問題発生要因の特定をやりきる↓精度高い打ち手を立案↓打ち手の成果も予測可能に↓期待感を高くもって着手↓成果が出る↓嬉しくてやり続ける↓やり切ることで振り返りができる↓課題再抽出↓次の打ち手も精度が高い↓論点明確で議論短い↓どんどん成果出て、元気ＭＡＸといったものになります。その際に気を付けてもらいたいことを加えておきます。

打ち手を考える時は通常、「上手くいくこと、成果が出ること」を前提に動くはずです。ただ、そこに「もしも上手く行かない、失敗するとすれば、どんなボトルネック・リスクが想定されるのか？」との視点も持って頂きたい。常に最悪を想定して企画立案

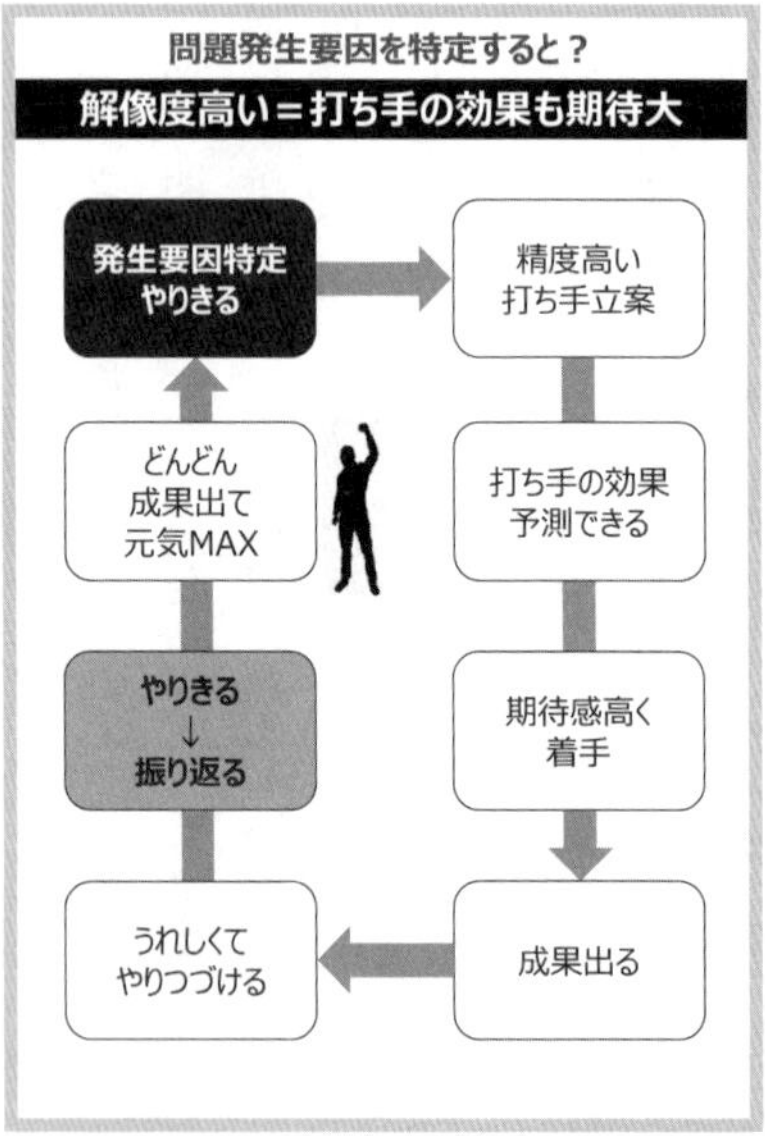
問題発生要因を特定すると？
解像度高い＝打ち手の効果も期待大
発生要因特定
やりきる
精度高い
打ち手立案
打ち手の効果
予測できる
期待感高く
着手
成果出る
うれしくて
やりつづける
やりきる
↓
振り返る
どんどん
成果出て
元気MAX

するのは危機管理の要諦でしょうが、そこに気づかないまま打ち手を乱発して仕事をした気になっているマネジャーを多く見てきました。総じてそういう人は成果創出の確率が低いように感じます。自身が「がん」だとわかっていない井の中の蛙であるばかりか、メンバーが可哀想です。

私の経験上、予測できた敗因ランキングワースト1は「時間がなかった問題」です。何をどこまでやりたいのか、どんな成果を得たいのか設計したにもかかわらず、何にどのくらい時間がかかっているのか工数分析をしなかった。そのために、実際やり始めたら他の業務で手一杯で今回の打ち手に対する優先順位が下がってしまった。さらに、その理由を臆面もなく言ってくる組織・個人が多い。

要因分析の議論、精緻だったはずの打ち手立案の議論。あれは何だったのかと言いたくなりますが、これが本当に多いのです。「時間がなかったからできませんでした」という振り返りほど虚しいものはありません。

続いて、「急遽業績目標を追いかけることになり、そっちが優先になってしまった」も同率ワースト1と言っても過言ではない理由・敗因です。そもそもどういう事業計画を作っていたのか、甚だ疑問に感じますね。業績計画策定時にそれが上手く行かないであろうリスクも洗い出して、そこに対しても適正労働時間内、適正工数内で実現できる打ち手を投じておけばよかったのではないでしょうか? もちろん、顧客の都合で突然大きな受注が無くなるという事態が発生する可能性はありますが、打ち手実行の工数をすべて奪うほどのことになるとは考えにくい。

これが起きてしまう企業の共通点は、「御用聞き・受け身型のニーズ対応専門営業をメインとしていて注文が勝手に来てしまうモデルで長年成功してきた」です。業績獲得が上手くいくかどうかの決定権が顧客側にあり、自社でコントロールできないため、外部要因に左右されてしまう。場当たり的なマネジメントになりがちで、そのスタイルが「急遽業績を追いかけることになり打ち手後回し」という状態を作り出しています。

物事の見方について

相手の言うことをどのくらいのスタンスで汲み取るかについて。これは、発言内容自体が、「氷山の一角」「相手が考えていることのごく一部」と捉えて頂きたいところです。相手が抱える情報の「奥側、裏側」をいかにキャッチするか、相手の発言を掘っていく必要があります。

当然、相手の発言は金言ではあるものの、その一方で「ふ〜ん」くらいのテンション、まだまだ次があるでしょ？　裏側にもっともっと重要な情報が隠れているでしょ？　程度の姿勢で臨むとちょうどよいと感じています。その発言の内容から深掘って出てきた問題点や、その発生要因について、「どれどれ……」とどんどん広げて掘っていきます。リクルート時代大変お世話になった同社元役員の瀬口篤紀氏の言葉を借りれば、「広げて畳む」という議論の進め方になります。

議論は広げきって（＝出尽くして）から畳み（＝収束し）に行かないと、どうしても論点などに漏れが出てきてしまい、議論を初期からやり直さなければならなくなります。これは非常に非効率ですし、議論参加メンバーのやる気を削いでしまうものです。議論を広げる時に、相手の発言のその裏側に常に注目しておきたい。入ってくる情報の量も質も格段にレベルアップすると思います。

17　経営層の「ざっくり解像度」が最悪の事態を招く

「やらないこと」を決めないリスク

多くの会議では、「これからこれをする！」というように、〝やるべき〟ことを中心に議論が展開されます。その結果、やらなければいけないことが乱立し、どれがどこまで進んでいるのか、進んでいないのかの把握が困難になり、結局やりっぱなしで放置される例が少なくありません。優先順位をどこに置くべきなのかハッキリしないままで「やるべきことリスト」の束だけが残る。これはどうして起きるのでしょうか？

ひとことで言えば、ゴールのイメージについての解像度が低いからです。手段だけ決めて、ゴールを決めずに突っ走る、これが良くないのです。

高いレベルの解像度をもってゴールが描けない打ち手、問題発生要因が解決できていない打ち手についてはやらない、捨ててしまいましょう。そしてやらないと決めたことを周知徹底し、実は誰かがやっていた、ということにならないようにしたいです。

これを完全徹底することで、本当にやるべきことだけをゴールの解像度が高い状態で取り組み、確実に成果を出す運営に生まれ変わらせることができます。やってもやらなくてもどっちでもいいことをひたすらやらされることは組織の元気を根こそぎ奪います。生産性だけではなく企業全体のモチベーションをも左右する考え方であることをご理解頂きまして、やるべきこと乱立状態からの脱却、ぜひチャレンジしてほしいです！

ざっくり（低解像度）は地獄への片道切符

多くの企業で、仕事の依頼方法がざっくりしているケースが多いです。例えば、社長が「●●●●をしてくれ」とざっくりとした指示を出し、役員層もそれの解像度を上げることなくメンバーに指示を出す。まるで伝書鳩です。ありたい姿を描かない、打ち手から入ってしまう状態です。メンバーは何をすればいいかわからないが社長命令だし、何かやらないと「あいつはやる気がない」というレッテルを貼られるから、まあ何かはアウトプットしなきゃ、と思い始めます。そして何とかアウトプットを作って役員にプレゼンします。役員は社長が何をしたいか把握していないから、フィードバックできない、もしくは無理やりフィードバックをしてしまい論点が散らかってしまいます。

その後メンバーはもう一度アウトプットを作り直して役員プレゼンし、何が理由なのかわからないが通過して社長プレゼンに進みます。そして社長自身が「●●●●をしてくれ」と言ったにもかかわらず、そのゴールイメージ・解像度が低いため、社長自身もまともにレビューできないという最悪の事態が当たり前のようにやってきます。

さらに悪いことに、「自分の指示内容が明確ではないために皆さんに迷惑をかけた」と思ったり言ったりする社長はおらず、何を言ってるのか全くわからないフィードバックを役員とメンバーに落とし込みます。誰もどこに向かっていいかわからない。その場合、どうするのか？　「やったフリ」です。明らかなのは人件費の大いなるムダ。そしてゴールイメージがない指示は形骸化し、放置されます。

理由は明白ですね。やってもやらなくても何も変わらないからです。途中で頓挫してしまった指示が死屍累々と積み重なり、「私達はやりきらない」という組織風土を作ってしまうのです。指示を出した社長もその姿を無責任に傍観しているだけか、もしくはメンバーのせいにします。「おまえらがやりきらないからだ」と。いやいや違います、社長。あなたの解像度が低いからこうなったんです！

重要なので繰り返します。どこに向かうかわからない打ち手では、組織の全力を引き

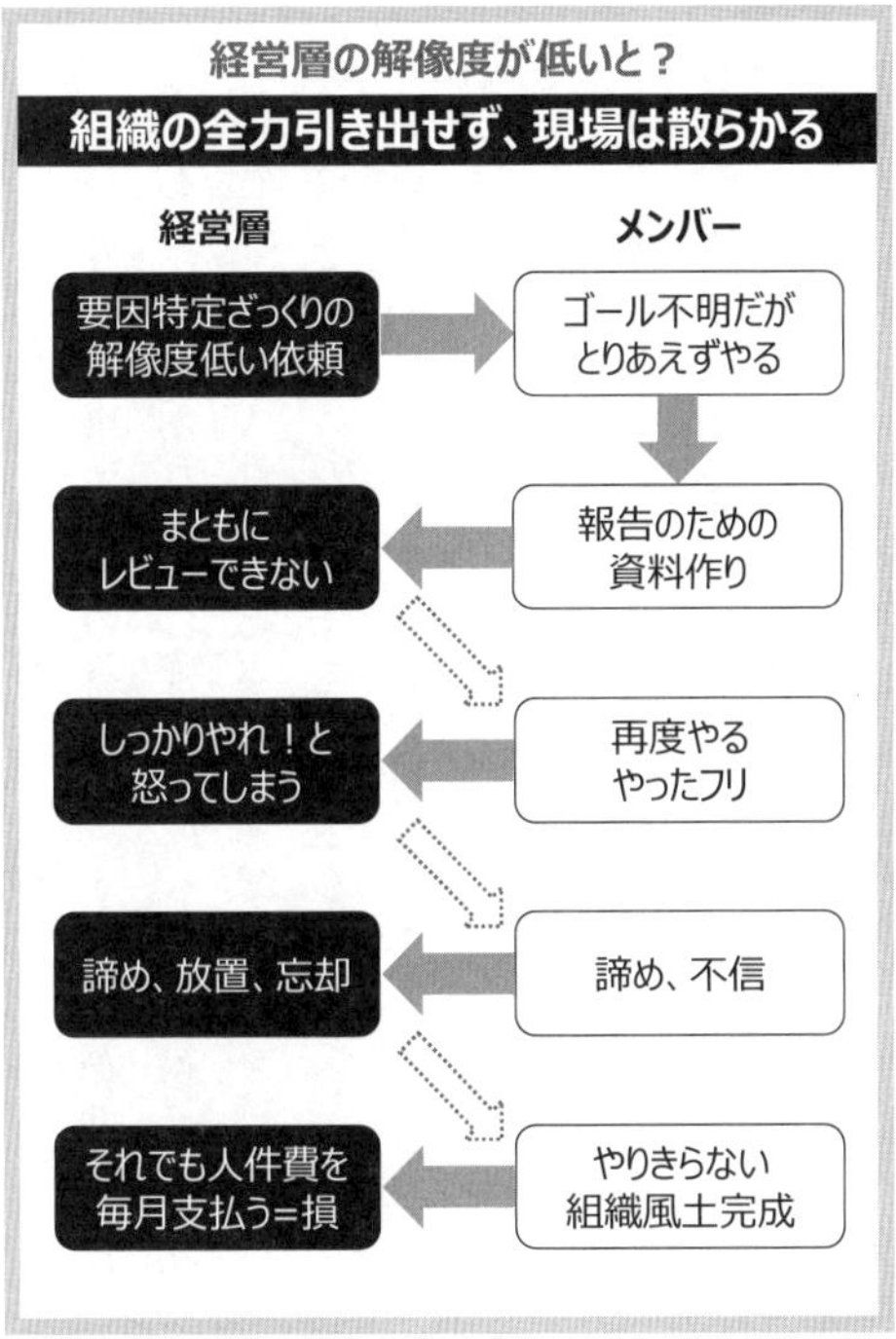
経営層の解像度が低いと？
組織の全力引き出せず、現場は散らかる
経営層
メンバー
要因特定ざっくりの解像度低い依頼
ゴール不明だがとりあえずやる
報告のための資料作り
まともにレビューできない
再度やる やったフリ
しっかりやれ！と怒ってしまう
諦め、不信
諦め、放置、忘却
やりきらない組織風土完成
それでも人件費を毎月支払う=損
出せません。途中で頓挫してしまう指示が溜まって組織のコンディションを悪化させ、「うちは物事をやりきらない会社だ、どうせ途中でやめてしまう、だったら最初から全力尽くさずやってるフリしておけばよい、経営側・依頼側も頼んだことが実現したのか興味がない」という負の連鎖が起こってしまう。経営層が自ら、組織風土を破壊しているというわけです。組織の生産性を下げ、成果を縮小させています。ブレーキを踏みながらアクセルを踏み、車体やエンジンが壊れるよう仕向けているのです。

　では、これで一体誰が1番損をしているのでしょうか？　経営層であり、給与を払う側です。
メンバーは「仕事をしているフリ」でも給与が毎月一定額もらえます。どんな精度の仕事であれ成果であれ雇用は守られる。しかし給与を支払う側はそうは行きません。広告宣伝費などより人件費ほどムダになる可能性を持っているコストはありません。多くの経営層にこのような話をすると皆さん、「おっしゃるとおり」と頷きます。そうか、得たい成果を明確にできていない自分がボトルネックであり、自分が1番損をしているのか、と。

では、どうすればいいか？　～バイバイざっくり～

物事を確実に実現させるためには、

・解像度の高いゴール
・詳細なタスク・スケジュール

この2点を整備して、指示が結実する組織風土を作って行きましょう。これが成果を出し続ける組織、勝てる集団になる第一歩です。何を実現したいのかを明確にするからこそ、そこにアプローチしたタスク・スケジュールを描くことができます。これが詳細であればあるほど進捗管理は容易に正確になり、実現性が上がります。報告・連絡・相談＝ホウレンソウが弱いと嘆く企業も多いですが、この2点が揃えば、ホウレンソウの論点が明確になり、これも精度が上がります。全てがスムーズになり、マネジメント品質が上がり、マネジメント工数は下がります。やってるフリという人件費のムダがなくなります。

リクルートでの上位役職を担う人物の特徴として、私がメンバー時代に痛感したことがあります。総じて「各論に強い」のです。

何かを企画立案して実行しようとする際に、もちろん諸々の確認がマネジャーから入りますが、それがきちんと実現するのか、実現した結果何が得られるのか、失敗するとしたら想定できる要因は何で、それに対して対策を打てているかまでを詳細に描いていない限りGOサインが出ることはありません。正直、最初の頃は「マネジャーって偉いのに、なんでそんな細かいところまで確認してくるんだ？　任せてくれればいいじゃない！」って何度も思いました（笑）。ただそれは間違いだったことに気づきます。成果を出すことにマネジャー陣はフルコミットしているから実現性や成果、リスクについて徹底的に把握し、いつでも責任が取れる状態にしていたのです。圧倒的な当事者意識というスタンスが「各論への強さ」を生み出していた、と理解しています。

え？　こんなところまで？　という例で言うと、エクセルの罫線のズレも指摘されます（涙）。例えば、数十億〜数百億円規模の事業担当役員クラスの方からも、指摘されるのです。当然、様々な計算が入った資料の数字が間違っていれば、その場で「指差し確認」をされ、「ここところ足したら、こうなるはずだけど、そうなってないんだけど、なんで？」と即聞かれます。

理由なんかないですね。15時間もかけて作ったエクセルが、このザマかとその場で崩れ落ちそうになる気持ちを歯を食いしばっておさえつつ、その一方でこんな偉い人がそんなレベルまで見るんだ、責任とはこういうことか！　と。思い出すだけでドキドキしますから、思い出したいわけではないです。

今の私のコンサルティング手法は、リクルートの先輩たちの多くのツッコミによって創造されたものです。今でも私の脳内にお世話になった上司・先輩たちがたくさん居て、常に「なんで？　なんで？　なんで？」「で？　どうなる？」「おまえはどうしたい？」

「ファクト摑んでいるのか？」「最優先は何だ？」「考え抜いたのか？」「やりきったのか？」と問い続けています。感謝と恐怖が同時多発な毎日です（笑）。まさに神は細部に宿る、ということなのでしょうね。

18　可視化すべき情報①：誰が何に何時間使っているか

作り上げたメモの価値と保存・管理方法

可視化すべき情報について触れる前に、ここまでご紹介したノウハウで作り上げられたメモの価値について触れておきましょう。これらは既に単なる議事録ではなくなり、参加者の知恵を結集した「知恵の集合体」となっているはずです。優良な知恵を作るんだったら誰が何をしゃべってどう参加してもOK、というスタンスで情報を出し切っているそのメモには、問題の発生要因〜解決策まで解像度高く書かれてあります。そのような情報の塊に価値がないはずがない。価値のかたまりです。企業の知恵の源泉がここにあります。

ここまで品質が高い情報をどう保存・管理すれば良いのかについてですが、私はスプレッドシートをおすすめしています。そして会議参加者がいつでも振り返ることができるように閲覧権限を配布しておきましょう。

作成したメモを枠内に貼り付ければ終了。わざわざメールで展開する必要もありません。「ここを見ておいてください」と会議終了後に言っておけばＯＫ。何よりこの蓄積が非常に重要です。前回何をどこまで議論したのか振り返りしやすいですし、前回の議論を踏まえ今回何を議論していけば良いのかも即座にわかります。これをしっかり蓄積していけば、数年前の会議内容も遡って確認することができます。特に会議後のネクストアクションをしっかりと記載しておきたいところですね。繰り返しになりますが、蓄積と振り返りが単なるメモを知恵へと昇華させてくれます。全社的に徹底いただけると嬉しいです。

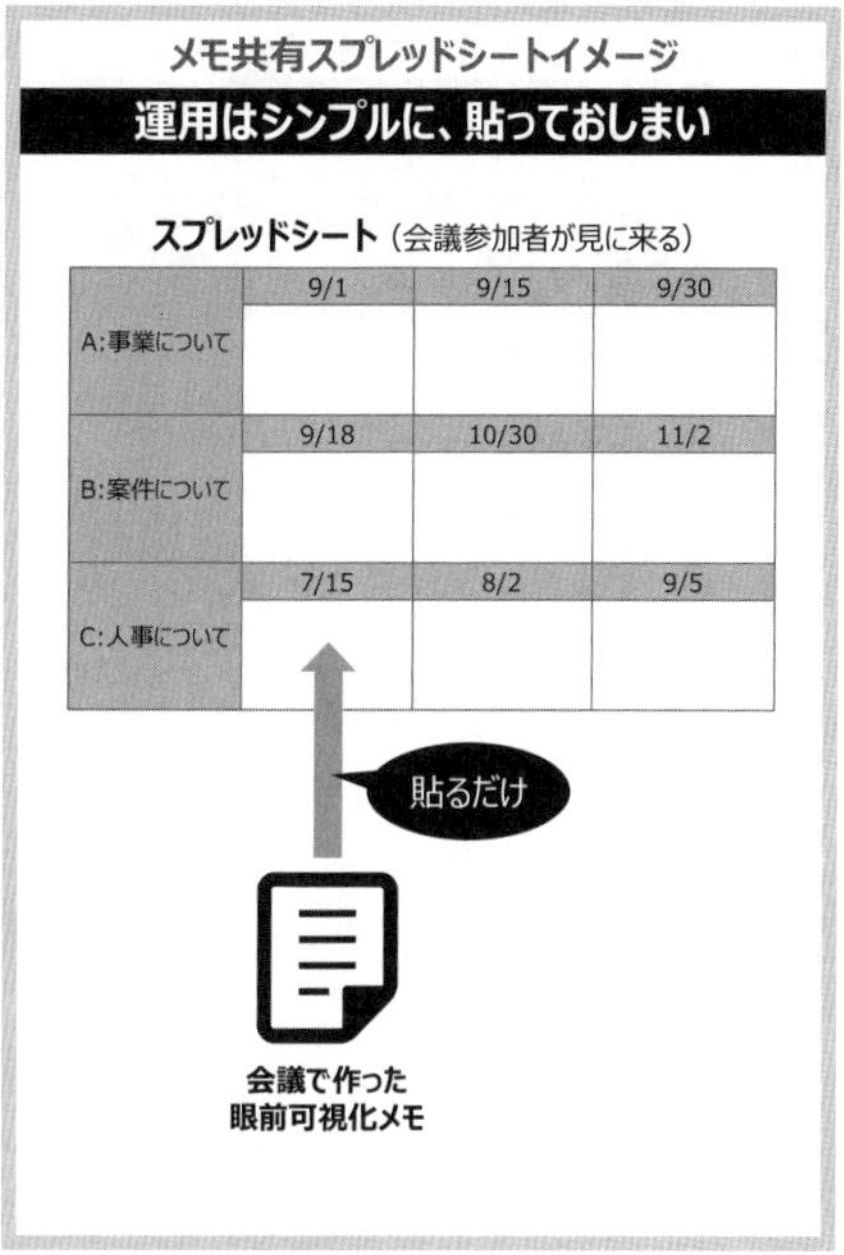
メモ共有スプレッドシートイメージ
運用はシンプルに、貼っておしまい
スプレッドシート（会議参加者が見に来る）
A:事業について
9/1
9/15
9/30
B:案件について
9/18
10/30
11/2
C:人事について
7/15
8/2
9/5
貼るだけ
会議で作った
眼前可視化メモ

生産性を落としているありがちな例

さて、「可視化といっても何でもかんでもそうしていられないよ」といったツッコミもあることでしょう。ここでは日々の営業コンサルティング活動の中で、どの企業でも可視化しておいた方がよいと思われる項目について説明します。まず1つ目は「誰が何に何時間使っているか？」について。つまり各人の工数についてです。

工数可視化フォーマット例

何に何時間かかっているか？可視化

業務名	詳細	1回あたり分数	月間頻度	月間合計時間
売上管理	請求			
	報告			
	支払い			
定例会議	A案件			
	B案件			
	C案件			
メソッド開発	開発			
	報告			
	フォロー			

多くの企業で「多くのメンバーが現在の業務でいっぱいいっぱい、人が足りない」という現象が起きています。ただ実態を詰めていくと、1人あたり売上や利益にまだまだ伸びしろがあるのに、そういう声が出てしまっていることがわかります。生産性を見直す手立てはないのでしょうか？　地味だが非常に有効な手段として、各人が何をどれく

らいの時間を使ってやっているのかについて可視化することをおすすめしています。実際にやってみると、不要な業務がこれでもかというほど出てきます。まず上記のようなフォーマットにて何を何時間やっているのか記入するところから始めていきましょう。

最初に業務名を書きます。その中でさらに分類をして極力詳細に業務項目を洗い出します。次に業務項目ごとに1回あたり何分かかっているのかを記します。次に頻度を確認し、記載します。月に1回のものもあれば、週に1回のものもあるため、月間頻度を書きましょう。一番右の合計欄には結局月に何時間やったのかを記載し、それを縦に合計すると月間労働時間が出ます。ここまでで、まずは業務実態の可視化が完了します。次に、その内容を吟味します。本当に必要な業務なのか、もっと生産性は上がらないのかなどと分析していくわけですね。では、よくある生産性を落としている例について紹介しましょう。

・必要のない会議に出ている

会議の中で多いのが、参加者はとにかく多い、意見を言っているのは数名、その他の傍観者はメモも取らずただ情報共有の意味で参加させられている……というようなものです。こういう会議に複数出るだけで多くの時間が取られてしまいます。会議は議論するためのものであり、情報共有なら他の手段でＯＫと割り切ることが重要です。これを経営側の意志として全社に伝播しないと、情報共有会議にメンバーがいつの間にか忙殺されてしまうというリスクがあることを理解しておきたいところです。

ちなみにムダを可視化してみますと、１００名の企業の場合には週に5回、情報共有会議が1時間あるとして5時間、１００名×４週＝１ヶ月で２０００時間。平均年収４５０万円、社会保険料を入れて企業側の人件費負担が約５００万円、年間労働時間１７００時間として、企業側負担時給は約３０００円。３０００円×２０００時間で６００万円、年間７２００万円。なんと１００名規模の企業で年間７２００万円の人件費が情報共有に投下されていることになります。例えば、粗利率40％だとすると、１億８０００万円分の売上に相当します。１人あたり売上が３０００万円だとすると、１００名の企業でメンバー6名分の年間売上を情報共有会議に投下していることになります。上記の試算が多すぎるとして、その半分だとしてもかなりの投下金額になりますよね。

年間工数２０００時間＝月間６０００万円＝年間７２００万円の人件費を投下するなら

最低3倍の利益は欲しいと考える企業は多いです。年間２０００時間の情報共有会議は、その3倍の利益を稼いでくれているのでしょうか？

利益に結びついていないならばやり方を変えるか、やめるかの選択を今すぐすべき。今日判断しなければ、本日1回分の情報会議×メンバー１００名分＝30万円の人件費が浪費されてしまうから、この手の判断はスピードが要求されます。数値化するとリスクは明白になるのですが、そういったことをせず現状の生産性や会議のあり方に何の疑問も持たずに日々を過ごしてしまっている企業も非常に多い。ここはすぐにメスを入れることができる部分であり、まずは自社内、自組織、担当部門のムダな会議の有無についてはレビューすることをおすすめします。

さらに言うと、移動時間についても上記の工数分析をした方が良いでしょう。詳細な理由がなく会う方が何となくよいという理由で対面重視をしている企業もありますが、本当に会う必要があるのか、対面の意味があるのかについても吟味したいところです。移動時間が業務時間の30％を占めているケースも過去にありました。移動時間に何か仕事をしていて効率的に時間を使っているはずとの意見もないわけではないのですが、そもそも移動時間にずっと仕事をしていることは稀で、そこで全力のパフォーマンスを発揮できるはずがありません。

とすると、移動に30％も使ってしまうと全力のパフォーマンスを発揮できるのは70％のみ。人件費の安い若手ならまだ許容できますが、給与の高いハイパフォーマークラスがこれだと人件費のムダも多くなってしまうかもしれません。これに気づいていた企業はコロナをきっかけとしてリモートワークを一気に拡大することになりました。それも上層部や給与の高い層から取り入れています。一方で会うことや空気感が大事ということを信じている企業は出社が増えているという傾向もあります。

もちろん良し悪しがあるので対面・非対面どちらでも構いませんが、その投下工数がどのくらい利益に影響しているかについては必ずレビューしておきたいところです。一人ひとりの工数を可視化して、それがある組織の全員分だったら？　と試算することをおすすめします。かなりの規模でリスクになっている場合が少なくありません。

・ブラインドタッチ、単語登録、雛形使いまわしなどを徹底していない

忙しくて時間がない、労働時間過多という個人の業務のやり方を見ていると、例えばメールを作成する時に毎回同じ文章を手打ちしており、前述の単語登録を通じて一発で言葉が出るようにしていないとか、ブラインドタッチがそもそもできないとか、基礎行動を軽視している場合が驚くほど多いです。1つ1つの文章が長すぎるとか毎回オリジナルの文章を作っているなども散見されます。そんなに長くて丁寧な文面が必要なのかという吟味はせずに、個人の感情を込めたい、思いやりや優しさを表現したいなど、良かれと思ってやってしまっているのです。

この手の非効率を合計すると個人の生産性は個人的な体感で10～15％は下がっていると思います。月間170時間労働だとして、もし17～25時間分の工数を成果を生み出せそうな業務に費やせたら、メンバーの多くがそれを実践できたら、どんなに効率的でしょうか。

そのあたりについて経営側があるべき基本的な行動として規定し、その遵守徹底を号令してもよいくらいのお題だと思います。誰もが改善できる部分で、それをやらずにムダな労働時間が増えていることを許容してはならないと考えます。各人が多忙で人が足りない→採用だ！　と短絡的な意志決定をしてしまう場面にもたくさん遭遇してきましたが、これは本当にムダです。

個人の85～90％しかパフォーマンスが引き出せない組織運営をしている状況下で、生産性向上がなされない中では、人を増やす前にやるべきことがあるはずです。きっちりパフォーマンスを最大化できる運営を敷いた上で、それでも人を増やす必要があるのか否か。採用の前にやるべきことって、結構あるのです。

・本人がやるべきことと、そうではないことの切り分けができていない

例えば新規採用をするとします。何をしてほしいのか明確ではないまま入社当日を迎えます。入社後、とりあえず誰もやり手がいない仕事を新人に渡します。その仕事のゴールイメージは依頼側もわかっていない。

ただ「やるべきであろう仕事」がごろごろしていて、それがどんどん任されていきます。すぐに工数逼迫して人数が足りなくなってしまいます。「誰に何を任せ、どう評価するのか？」ここまでがワンセットで、これを規定しないと本来は仕事をあてがうことができないのですが、おざなりになってしまいがちです。見方を変えてもう少し大きな枠で捉えるなら、外部に委託して変動費化した方がよい業務も内製化してしまっているという場合もあるでしょう。

「私がやるべき仕事だ！」と思って取り組むのと「私じゃなくて他の人がやった方が上

手くいく仕事をたまたま私がやっている」と思いながら行うのとでは、成果も違ってくるはず。個人の成長にも大きな影響があるでしょう。企業側が「この仕事のゴール、期待成果はこういうことで、そのためにあなたの能力と経験をこういう風に活用してほしい！　評価は、ここまでできれば80点、ここまでで100点、ここまできれば120点だ」という風に仕事を渡していることはほとんどなく、「●●さん、これやってね、あなたが担当ね」くらいの雑な感じになってしまっています。

　仕事を依頼している側が依頼を遂行した後のイ

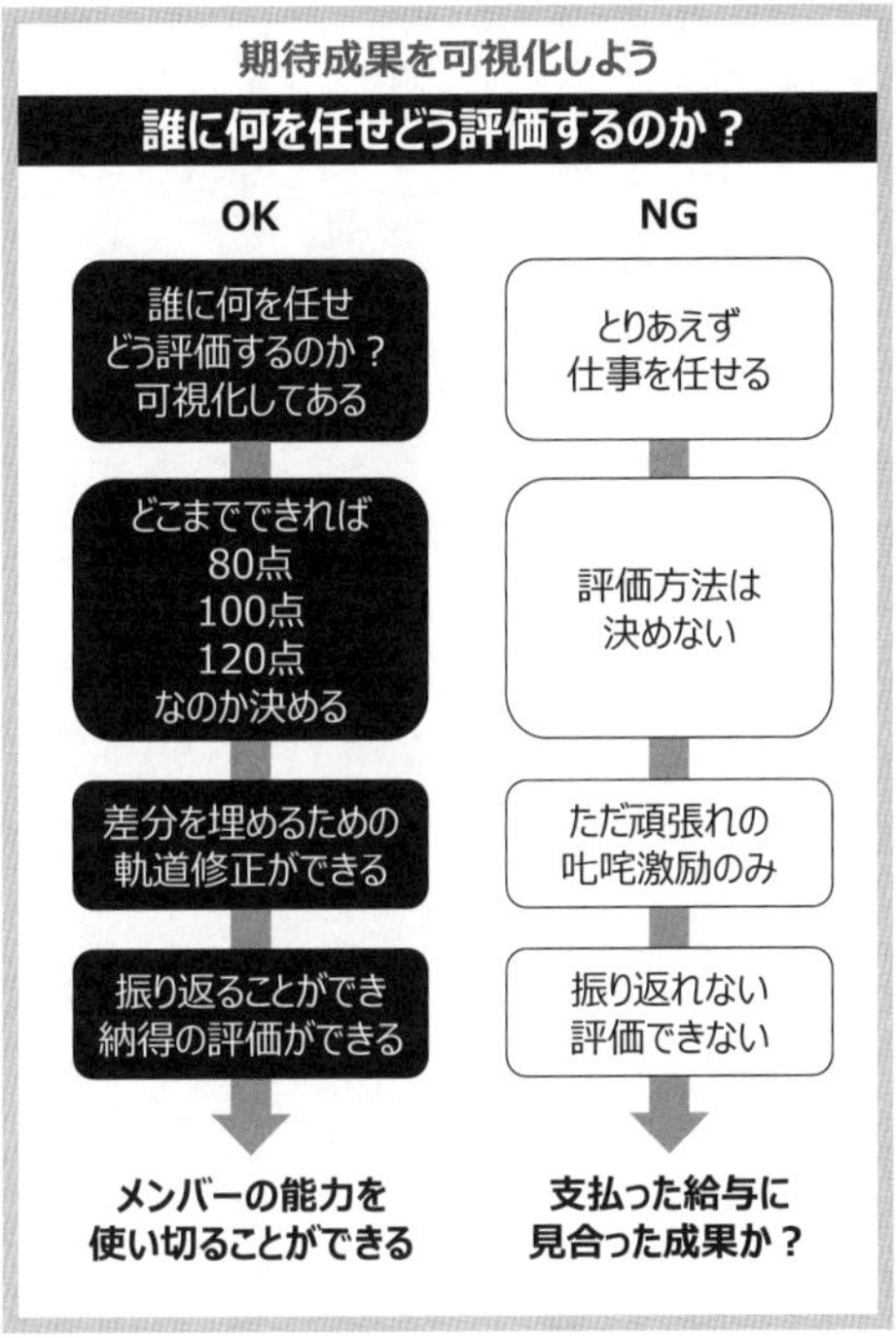
期待成果を可視化しよう
誰に何を任せどう評価するのか？
OK
NG
誰に何を任せ
どう評価するのか？
可視化してある
どこまでできれば
80点
100点
120点
なのか決める
差分を埋めるための
軌道修正ができる
振り返ることができ
納得の評価ができる
メンバーの能力を
使い切ることができる
とりあえず
仕事を任せる
評価方法は
決めない
ただ頑張れの
叱咤激励のみ
振り返れない
評価できない
支払った給与に
見合った成果か？

メージを持っておらず、成果を想定していないということになります。つまり依頼側の本気度が低いということであり、となると依頼された側はやってもやらなくても良いと受け止めがちです。本気度が低い依頼を受けた側は気の抜けたビールのようになる一方、依頼側はそれを見て期待と違うということで「もっとやる気出せ、頑張れ！　本気になれ！」と叱咤激励する。いやいや、ちょっと待ってください。本気じゃなかったのは依頼側ではないですか？　成果イメージを持たず、「誰に何を任せどう評価するのか」を本気で検討せずに、雑に仕事を渡しているだけで、メンバーの元気を奪ってしまっているのです。

この状況で誰が1番損をしているのかについては言うまでもないでしょう。人を雇い、お金を払う決断をしておきながら、その対価イメージを持てていないことは大きな損失です。したがって、次項で述べるような各人のミッション＝依頼内容と評価軸を可視化する必要が出てくるわけです。

19　可視化すべき情報②：誰に何を任せてどう評価するか

「何をしたら良いんですか？」と聞いても「誰に何を任せてどう評価するのか？」を決めないで物事を進めるのは悪循環の極みです。行き先がわからないまま努力を強いられ、目標に到達できていないから本気でやれ！　と叱られ、徒労感と諦めが蔓延する。

経営側に「何をしたら良いんですか？」と聞いてもハッキリした説明や意志は返って来ない。「そういう会社なんだ」と割り切り、また翌日出社する。こんな状況を打破するためには、「誰に何を任せてどう評価するのか？」が書かれたミッションシートの作成が的確です。

基本的には、

A：何を任せるのか？

B：それをどうやってほしいのか？
C：どう評価するのか？

について記載してあればOKです。

営業担当などの定量目標は、目標達成率に応じて120点、100点、80点など配点を決めます。達成率100～110％を100点とする、120％以上達成を120点とする、などですね。定量目標を定められる職種は概ねこのパターンを使います。これは多くの企業で実施されているかと思います。

一方で、この定量目標しか持っておらず「数字だけやっていればよい」という運営になり、そこを問題視している企業も多い。数字目標を達成する以外に定性目標として、人材育成をしてほしい、市場をもっと理解してほしい、自身の能力開発してほしい、などと思っていても、明確に何をしてほしいと言葉にできていないのです。

その場合には例えば、

A→「人材育成・能力開発」というタイトルのミッションを置きます。

B↓・後任となりうる人材の選定と能力開発（人員選定、能力開発プラン策定、実行、振り返り、レポート）
・チームメンバー全員の能力開発（能力開発プラン策定、実行、振り返り、レポート）
・数年後を見越した組織設計（組織設計プランの策定、問題の可視化、打ち手プラン策定、実行、振り返り、レポート）

C↓100点は「メンバー個人別の能力開発プランや組織設計プランが期初に提出され、それを遅滞なく実行し定期的にレポートされている」、110点を「当初計画よりも1~2ヶ月前倒しで進行している」、120点を「担当範囲外の人材育成にも貢献している」という文言にします。

続いて、A：何を任せるのか？　について「市場の把握及び分析と共有」というタイトルのミッションを置くとしましょう。その場合、B：それをどうやってほしいのか？

C：どう評価するのか？　はどうなるでしょうか。

B↓・社内外に幅広いネットワークを構築し、業務に有効な情報を適宜必要な時に収集する。

・顧客に提案するうえで必要な情報（自社商品・サービス知識、業界知識、ナレッジ等）および担当領域のあらゆる情報について、公開されてない情報も収集する。

・収集した情報を整理し、事業全体への影響を意識しながら重要度を見極め、適切に取捨選択する。

・事業・経営に関連する幅広い知識も積極的に学ぶ。

・上記を定期的に周囲に共有する。

C↓100点は、「競合情報やニュース、展示会などから常に情報を得て、役員会などで定期的に報告し周囲がそれに納得している」、110点を「社外有識者とも交流を持ち、社外勉強会などにも行き、積極的に情報を獲得し、それを社内共有している」、120点を「市場把握／共有するだけではなく事業変革のヒントを得て、実際に変革に活用している」という文言にします。

営業職とは違いますが、社内システム担当の例を出すと……。

A↓「社内向けシステムのサービスインと安定運用の管理」というタイトルのミッションを置く場合、

B↓メンバーに下記内容を指示出しし、遂行されているか確認↓案件受注決定後～サービスインまでの段取り～サービスイン～サービスイン後～契約期間完了まで安定的な運用＋トラブル発生時のシューティング（＝初期対応・原因特定、解決策検討から実行、再発防止策作成・報告）。

C↓100点は、「トラブル発生率00％以内、かつサービス停止や個人情報漏洩など利用者が認識できるトラブルがなく円滑にサービスイン～クローズまで完了している」、110点を「トラブル発生率00％以内にしている」、120点を「トラブル発生率0％＝完全な無事故での運用を全案件において実現している」という文言にします。

20　可視化すべき情報③：優秀な人のノウハウを継承する

できる営業とできない営業の差が縮まらない

できない人ができる人の思考を理解できないように、できる人も自分ほどできない人の思考を理解しない・理解しようとしないことがわかりましたね。この問題は多くの企業が抱えているもので、当然、できる営業とできない営業の差が大きい、営業ノウハウが属人的でできる営業の営業技術をできない営業と共有できていない、といった課題につながっていきます。

なぜ、こうなってしまうのでしょうか？

営業ノウハウを型にする方法がわからない、ノウハウ共有の重要性や期待成果を経営側が理解していない、などの理由があります。営業ノウハウとは何か？　一言で言えば営業のやり方なのですが、解像度を上げていきます。

1：営業プロセス
（商談設定→商談1回目→商談2回目→受注→納品はどういうプロセスなのか？）
2：探客ノウハウ
（受注確度の高い顧客はどんな属性でどんな課題を持っているのか？）
3：新規アポ取りノウハウ
（新規のアポ取りをどうするか？　トーク、断られた時の対応法、ＦＡＱは？）
4：商談ノウハウ（1つ1つの商談をどういう手順や内容でやっていくのか？）

・自己紹介、会社紹介
・雑談からの関係性構築
・顧客課題のヒアリング
・課題発生要因の特定
・提案方針決定
・提案、プレゼン
・クロージング、競合排除
・見積もり提出、所感お伺い

・受注

5：資料作成ノウハウ

（どういうアジェンダ・内容で作るのか？　下記は会社紹介資料のアジェンダ例）

・自社紹介
・こんなお悩みございませんか（顧客の課題が可視化されたページ）
・2の解決方針
・解決方針を具体化した提供商品サービス
・提供商品サービスの競合他社比較
・提供フロー1（ご発注～納品までの段取り）
・提供フロー2（効果測定段取りや項目、レポートイメージ）
・価格と費用対効果
・競合他社比較
・特別キャンペーンのご案内＆問い合わせ先

※顧客が購入判断する材料をあらかじめ資料に盛り込んでおけば商談生産性は最大化

され、1度の商談でクロージングまで持ち込める。
6：顧客情報管理ノウハウ
（いつ誰がどこにどんな顧客情報を蓄積し分析していくのか？）
7：営業会議運営ノウハウ
（どういう会議体で何を議論するのか？　議事録をどう蓄積していくのか？）
8：横展開ノウハウ
（目の前の部門だけではなく、他部門へはどのように営業していくのか？）

ノウハウ可視化

経営側の意識については、仕事を教えてもらいたい層が多数存在していることを理解し、その上でノウハウ共有を重要戦略として組み入れ、社内に宣言・指示をするということになります。問題はノウハウ共有の方で、これに関してはやはり可視化が肝になります。

ノウハウ可視化は、できる営業の優秀な仕事のやり方をノウハウ保持者以外の人間が再現するため行います。ここで忘れてしまいがちなのが、「再現性を高める」ためにはどうすればいいか？　ということです。

これも煎じ詰めれば、「誰もができる状態まで嚙み砕く必要がある」ということになります。追加説明が不要なレベルまで、見ればわかる状態まで詳細に整理整頓して手順を明確にします。再現できないような抽象的で曖昧な、その仕事ができる人しか分からないような内容にしてはいけません。そして、どこまでやれば正解なのか？　何をしたらNGなのかまでを可視化します。特にNGの可視化は驚かれます。やったことがない企業がほとんどです。ですがNGを浮き彫りにしないとOKが際立ちません。そしてOKも何をどこまでやったら正解なのか、具体的にしないと再現する人が困ってしまいます。

ノウハウ可視化後のアウトプットはパワーポイント、エクセル、動画を適宜使い分ける形でOKです。必ず資料化しておき、その資料を更新し続けて、秘伝のタレのように営業ノウハウを磨き続けます。

できる営業が何をやっているのかを詳細まで確認すべく、営業プロセスを分解していきましょう。

1：アポ取り
2：初回商談
3：2回目商談
4：受注
5：納品
6：納品後フォロー

この営業プロセスは、「新規営業、リピート営業」や「低単価商材営業、高単価商材営業」などの営業目的によって異なるものを使う場合もあります。できる営業は対象顧客の状況や販売商材ごとにこのプロセスを変化させます。どういうシーンでどういうプロセスを使うのか、からしっかりと確認してほしいです。

聞き方としては、「普段、アポ取りや商談などをやる際、初期接触～受注までいつも何をやっていますか？」くらいの大雑把な質問を投げ、回答を引き出すことからスタートします。次に「それぞれどんな資料を使いますか？」と確認して、プロセス全体と各プロセスで使う資料類を一旦洗い出しておきます。

各プロセスを詳細化＋背景確認

営業プロセスが可視化できたとして、次にプロセスごとに何をやっているのかを確認していきます。ただ、できる営業は大体こう言います。「当たり前のことをやっているだけですよ。課題を聞いて、それを解決する提案をしているだけです。誰でもできますよ」と。

誰でもできるなら、好業績な営業とそうではない営業の差は開かないはずです。どこにどんな差があるのかを徹底的に可視化する必要が出てきます。

では、商談時のノウハウ可視化を例に解説していきましょう。重要なのは、何を話しているのか、どういう資料やツールを使っているのか、どういう流れで商談を進めるのかなどを詳細に把握することです。

例えば、営業上最も重要な顧客課題ヒアリングについてノウハウ可視化する時は、

「顧客の課題を引き出す、その時にどんな言葉でどんな風に喋っているんですか？　それを言ったら顧客はどのようなお返事をしてくるのですか？」などと、〝場面を再現〟するようなお願いをしつつセリフを引き出していきます。もしくは、「私に、実際に課題ヒアリングをしてみてください」と、こちら側が顧客役になり営業を受けてみるのも非常に良いですね。

この時大切なのは、眼前可視化しながら、そのメモをできる営業に見てもらいつつ、「あなたが普段やっていらっしゃること、商談での話し方や内容・セリフは、これで合っていますか？」と確認しつつ進めることです。漏れなく可視化したいため「これ以外にやっていらっしゃることはありますか？」という確認も随時入れていきましょう。

話の流れも重要で、眼前可視化メモを見ながら、「この順番で課題ヒアリングを進めるということで合っていますか？　順番を変える場合はどういう時ですか？」という確認もします。ここで大体は、「いくつかパターンがあるかも」とできる営業が自分で言いながら気づくことがあります。その場合は「そのパターンにタイトルを付けると、どんなものがありますか？」とラインナップを洗い出してもらってから、その1つ1つについて確認していきます。ここまで来れば、ヒアリングのセリフをパターン別で集めたような知恵の結晶が眼前に可視化されていることでしょう。

ただ、ここで終わらせてはいけません。「●●さんの顧客課題ヒアリングを可視化するとこのような感じになったのですが、ちなみになぜ、この順番でこのようなセリフでヒアリングするのですか?」と、このヒアリングノウハウになった背景・理由も必ず確認します。実際の打ち手・行動だけではなく、その設計意図も可視化しにいくわけです。

ここには必ず、できる営業なりの意図が隠されており、重要です。過去の失敗経験などがベースとなって、顧客の真のニーズを炙り出すために練り上げられた技術の中枢が眠っています。聞き手であるノウハウ可視化担当側は「そうか、そういう設計意図があるから、こういうセリフ回しで、こういう順番で話を進めているのか!」と納得できるまで、この確認をやめてはいけません。

可視化されたノウハウを他のメンバーに伝える時は、必ず設計背景と実際の打ち手の2段構えにします。実際の打ち手だけで設計背景がないと理解が薄くなり納得しにくい。なぜそうするのかをしっかり理解しておけば、再現性が高まるばかりか応用が利いたりするものです。

※徹底的に深く引き出すコツ

1つ1つのアクションの中で、コツやポイント、その人が大事にしていることを聞くことが重要です。ノウハウの中枢（ほかの人との違い）をつかみに行きたいのです。

できる営業がある程度ノウハウを語り終わったら「それってほかの人もやってるんですか？」と聞きます。他のメンバーもやっていることなのか、その人が持っている独自ノウハウなのかを確認します。他メンバーとの差分にノウハウの中枢がある可能性があります。差分やこだわっていること、そこがノウハウなのだとフィードバックしながら会話を進めて、引き出していきます。「そうです！　そこが重要なんです！　もっと教えてください！」と。

21 可視化すべき情報④：「秘伝のタレ」で「わかる→できる」に

営業ノウハウを「できる営業」から引き出したら、その後どうするか？

営業ノウハウを「できる営業」から最大限引き出し、資料、メモ、動画などにできたとします。次にするのはそこから学び、練習する場を設けることです。

学ぶ機会はまずは勉強会をセッティングしましょう。可視化したものを教科書として、じっくり丁寧に、設計背景→実際の打ち手の2段構えで理解を促します。そして、その時に必ず練習コーナー（ロール・プレイングなど）を入れておき、少しだけでも実際やってみる時間を作ってほしいです。さらにやってみての感想やフィードバックを収集し、できる営業本人はやりやすいと思っていたが、他メンバーからするとやりにくかった部分について情報を集め、それを踏まえて内容を磨き込みます。

意味がわからないもの、使いにくいものは使われることはありません。メンバーへ共有をするタイミングで活用促進を阻害する項目を一気に洗い出し徹底的に潰します。この濾過・毒抜き的なプロセスでノウハウの活用度・浸透度が一気に変わってきます。多くの企業ではノウハウは作ったことがあるが浸透しないと言われるのですが、この濾過をしていないケースが要因だと思います。

その場合、「意味がわからない時があるんだよな～、なんか違うんだよな～、使いにくいんだよな～」という印象が残ったままになってしまい、ノウハウから人心が離れていきがちです。使わない人を量産してしまうのです。水と同じように濾過して誰もが飲めるようにしたいものです。ノウハウは水であり、企業の体液であり秘伝のタレでもある。仕事のやり方の集積が企業の日々の運営や成長を推し進めます。誰もがわかりやすく、飲みやすく、利用しやすいものにしたい、これを徹底していきましょう！

その後、社内で濾過を進め、ノウハウとして磨かれたら取引額が多い重要かつ関係性が良好な顧客のキーマンにそれを見てもらい忌憚のない意見をもらいます。こういう営業をされたらどう思うかといった顧客目線が非常に重要です。結局、営業ノウハウとは顧客に受け入れられて評価されなければ意味がありません。このノウハウで営業すれば発注したくなるのか、違和感や疑問点があればそれはどこか、もっと良くなるポイントはどこか、などをじっくり伺いましょう。これを数社やれば、営業ノウハウは完全体となり、どこに出しても恥ずかしくない、知恵の集合体として完成しているはずです。

わかる→できる、まで仕上げる

さて、完成したノウハウは練習することによって「わかる→できる」まで追い込みます。「わかる」と「できる」には大きな隔たりがあります。可視化したノウハウを研修などで伝播・共有し、多くのメンバーが一旦理解した状態にはなったとしましょう。

そこで実際の営業活動の中でやってみようとすると、わかっていてもできない部分がいくつも出てきます。できない理由が存在するはずです。そのできない理由を潰していって、できるを増やし続けて全体的に実行可能な状態になってはじめて「できる」と呼ぶことができます。一方、「わかれば、すぐできるようになる」と思いこんでしまっている場合（実は大半の企業でこういった考え方が横行しているのですが）、できなかった時にできない理由を「言い訳、本気度低い、やる気ない」という精神論・根性論的な着地にしてしまい、理由分析に対して思考停止してしまう傾向があるようです。

「わかる→できない」はチャンスタイム。なぜできないのかを徹底分析して、できるレベルまで持ち込む。そしてそのできない理由を潰して、できるようになった項目を「秘伝のタレ」に戻して、注いで、さらにタレを進化させていきます。これを大量に速く長くやった企業が最強の営業ノウハウを手にします。

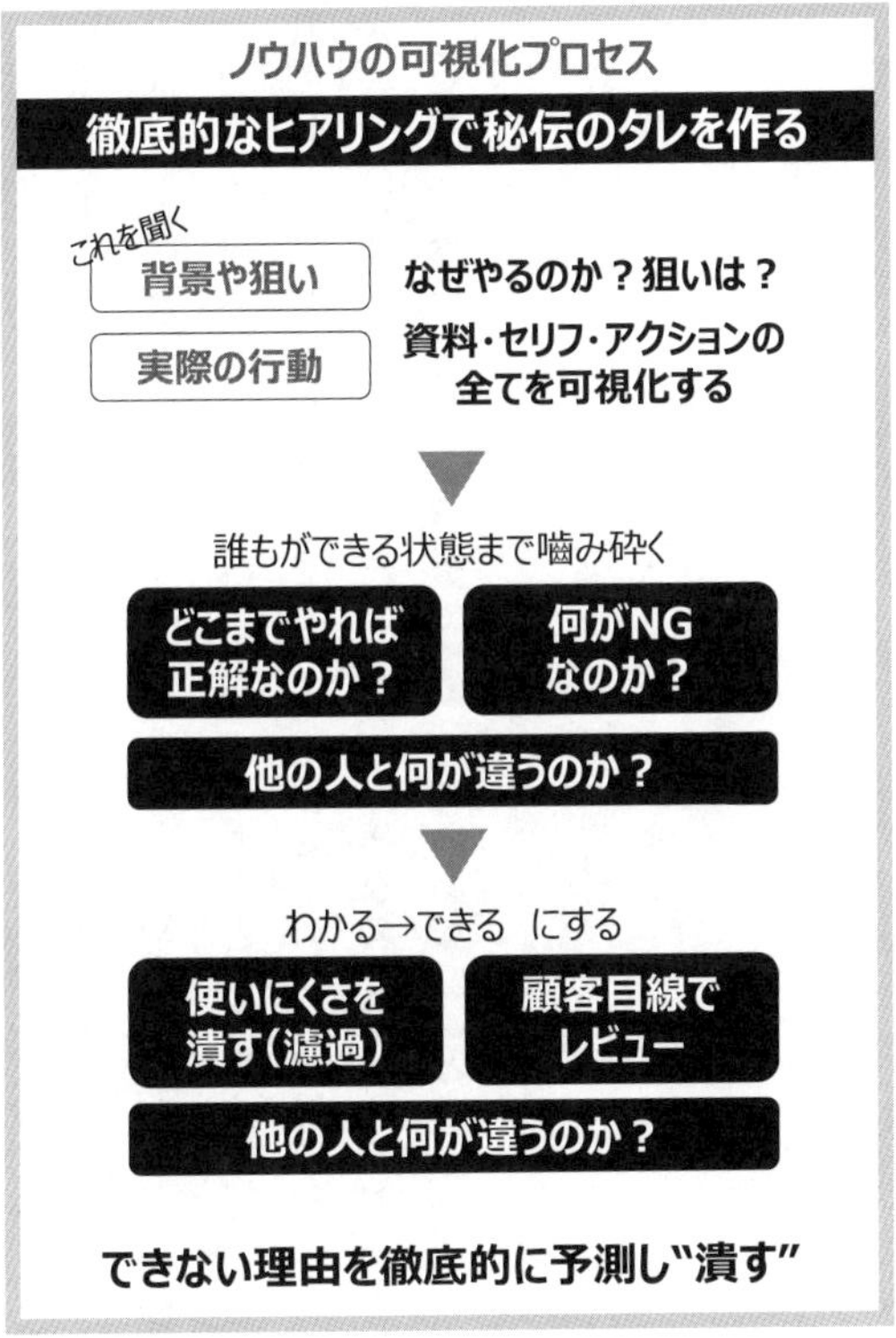
ノウハウの可視化プロセス
徹底的なヒアリングで秘伝のタレを作る
これを聞く
背景や狙い
なぜやるのか？狙いは？
実際の行動
資料・セリフ・アクションの全てを可視化する
誰もができる状態まで噛み砕く
どこまでやれば正解なのか？
何がNGなのか？
他の人と何が違うのか？
わかる→できる　にする
使いにくさを潰す（濾過）
顧客目線でレビュー
他の人と何が違うのか？
できない理由を徹底的に予測し"潰す"

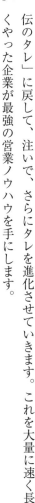

できない理由をすべて潰してあるノウハウは強い。成功確率が高いですし、未経験の若者が入社してきても、即戦力化できます。そして即戦力化とは企業目線の言葉ですが、入社してきた本人目線で言えば、「成功体験を早期に積むことができた」となり、まさに自信をつけさせ、自走化への一歩を歩むことができます。未経験の若手を採用して即戦力化し、かつ自走させる――。これは多くの営業組織が狙いたいところだと思いますが、それをするためには秘伝のタレが必要なのです。そして、それを作り上げる経営層の意志と解像度が必要不可欠です。さて、あなたはどうしたいですか?

22　弊社は「可視化」でこう変わりました

最後に、手前味噌の極みではありますが、可視化を導入し、愛してくれている顧客の声を紹介したいと思います。

株式会社日本M&Aセンターホールディングス　執行役員　森山隆一氏

眼前可視化を取り入れてみての感想ですか？　例えば、新卒のHくんは、3年前に眼前可視化ノウハウ研修を受講して以来、ひたすらやり続けています。よっぽど腹落ちしたんだと思います。結果として個人業績が上がり続けているのです。

顧客とのやりとりの履歴がしっかりしているため、先輩が手伝いやすいのでしょう。本来なら後輩の案件に先輩が営業同行する時には説明・情報共有が必要。先輩としては色々後輩にヒアリングする必要があるわけですが、議事メモを先輩と共有すれば先輩の手間も省けます。先輩の力を効率的に引き出し、自身の営業力へと変えることができていると感じます。そもそもブラインドタッチができない、パソコンをほぼ使ってなかったところからの成長で、彼の人生が変わったと言っても過言ではありません。

手書きでメモをして、その後きっちりとした議事録を2時間かけて作る会社もあるでしょう。大作ではあるものの論点整理されていない議事録を作っても読まれない……とは真逆のパターンを若手が実践してしまっていることに驚きを隠せません。また眼前可視化によって共通言語化が進み、社内の諸々のコミュニケーションがやりやすくなっており、物事の進行スピード加速にも寄与しています。

喋っているだけでは気づかず、お互い誤認識したまま進んでいるケースが多い中、文字にすることで気づくことができる。会議の中で、やるべきことが明確になり、本人もやらなければいけないとわかり、どれを優先すべきか順序が詳らかになるからこそ、進行が徹底されます。

「可視化しよう」という言葉が組織の口癖に次第になり始めている。眼前可視化できる方が価値の高いビジネスパーソンになれるでしょう。Ｚｏｏｍに代表されるオンライン会議システムなど世の中の仕組みが整ってきたから、それも追い風になっていると感じます。オンライン会議にこそマッチしているのではないでしょうか？

一方、1回研修しただけでは広まらず、重要性を伝え続ける必要があるとも感じています。会議参加時のスタンスに当事者意識がないと、ワガコトとして会議に参加しないと、眼前可視化をしようという気にはならないのではないでしょうか？　オーナーシップが大事で、「可視化」を多くの会社の共通言語にしてほしいと本気で思っています。

オフィスコム株式会社　執行役員　FC事業本部長　嶋洋祐氏

頭の中で考えていることは人それぞれ違います。どんなに言葉で共有しようと言ってもほとんど伝わらない。これを見える化、可視化することでコンセンサスが取れるようになると実感しています。

それが組織・チームにとってかなり重要なことだと再認識しました。経営層が発信するビジョンや理念がメンバーに浸透しない理由は、視座、ものを見る角度が違うから。これを前提として可視化してしっかり伝えないと伝わらない。可視化して伝えること、認識の角度を合わせることで組織は強くなることができると思っています。

可視化した上で、具体と抽象とを区別して話をしないと相手に伝わらないし、これからの組織は強くならないんだろうなと感じます。ブロック長、支店長といった管理職の意識レベルでの改革や成長も可視化により実現できました。教育面でもそのノウハウは有効で必要だと思っています。「営業はノリでやってるんでしょ？」と言われがちですが、数値化・可視化することで科学的にできる、強くできるはずです。

株式会社ルポハウス　取締役　山野翼氏

可視化した会議内容やノウハウというのは、色々なタイプの人がいる中で1番通じあえるもので、「通訳」みたいなもの。感情派、論理派などいる中で全ての人に通じるノウハウなのだと思います。

今まで相性が良い人としか仕事ができなかったのが、そうではなくても仕事ができるようになるツールだとも思っています。これまで各部署のトップの目が届く範囲で、ワンマンでマネジメントしてきたのですが、規模を拡大する中でそれが間に合わなくなりました。その点、可視化することで、今まで通りの品質で仕事が運営できるといいなと思っています。

ノウハウ、仕事のやり方について感情や主観を除いた文字情報にして2次利用できるように。解釈に間違いが起こりにくい、誰が受け取っても同じ解釈ができるところを目指しています。

シスコシステムズ合同会社　エンタープライズ事業　流通・ITサービス営業本部本部長　大野秀記氏

可視化することで自分たちの課題が把握できました。課題がわかるため、有効な打ち手をじっくり考えることができます。

それぞれ考え方が違えばイメージしているものも違いますし、スキルも違う。そんな中でなんとなくやってきたことが明確化され、同じ意識、同じ価値観で仕事をすることができています。マネジャーが曖昧なことを言わなくなり、みんなで腹落ちしやすくなりました。

何が良かったか悪かったか、ノウハウとして蓄積されず、体系的に教えることができない。結局、個人の力量に左右されてしまう一方で、可視化すれば、検討→実行が可能となります。課題が見えてきたものに対してどういう解決方法があるのか。最近は営業強化においてロール・プレイングまでやったのがよかったです。ゴールはあくまでもノウハウ可視化ではなく、ノウハウ装着とそれによる実績獲得。ここに近づくことができた実感があります。

通常の営業コンサルは課題の可視化から入らず、いきなりスキルの装着から入ってしまいがち。当然、不要なスキルも多く、ミスマッチも多い。菊池さんのやり方は、まず課題可視化から入る。色んなコンサルにお金を払うたびになんかモヤモヤするなと思ってきましたが、「これがほしかった」と心から思いました。

株式会社アローリンク　HR・i事業本部部長　蘒伸《いける》太郎氏

「これまでずっとやりたかったことがようやくできた！」という感想が第一です。頭を悩ませることや苦しい瞬間もありましたが、丁寧に向き合ってくださった菊池さんには感謝しております。具体的には弊社が抱える採用手法や採用コンサルにまつわるノウハウを可視化して頂きました。

これまで採用ノウハウはかなり属人化しており組織化もできず、単独部署で業務を行っておりました。

単独部署だからノウハウを可視化する必要がなく、それだけに単独部署のまま、という悪循環に陥っておりました。ですが、今回、菊池さんの可視化を通して、採用ノウハウだけでなく営業手法や教育の仕組みなど多岐にわたり組織化させていくにあたり、根本の部分を一緒に整理していただくことができました。結果、第1クオーター、第2クオーターの6ヶ月で生み出した売上金額を第3クオーターのたった3ヶ月で達成し、年間の売上目標も前倒しで遂行できました。

採用ノウハウを可視化していくこと。これが一番大きなミッションでしたが、可視化をすることによって、顧客に伝えられるものも洗練されていき、弊社独自の強み開発にもつながり、結果的に顧客に選んでいただける、そんな状態に仕上がっていきました。

また、かねてより課題だった組織化に関しても導入に伴い人員を増加させることができ、脱・属人化にも大きく影響を与えてもらいました。菊池さんからはノウハウや手法の可視化を通して、営業の基礎や育成の基本、マネジャーとしての考え方など幅広く教えて頂きました。本当にご一緒して頂き感謝しております。これからもどうぞよろしくお願いします！

株式会社サーキュレーション　プロシェアリング本部　サービスチーム

マネジャー　田中将太氏（とチームメンバー）

営業企画をはじめとする他部署からも、「商談の質が間違いなく向上している」というフィードバックをいただいたりすることが増えました。飛躍的に面談数を伸ばしたあるメンバーは、全社でそのノウハウを共有する機会に、「菊池さん流の眼前可視化で面談数が倍増した」と、ナレッジシェアを行っていました。一人ひとりの成長が成果につながり始めていることもそうですし、営業ロープレを受けている複数のメンバーから「自身の成長課題が見え、お客さんの反応も変わってきたので、仕事が楽しい」といった声を聞くようになったのが私自身すごく嬉しいです。

菊池さんにアドバイスをいただいている点については、商談の中のみならず、お客様や社内でのあらゆるコミュニケーションに活きるものであると感じています。お客様から「自社の営業にも学ばせたい」「サーキュレーションと出会えて本当に良かった」などと評価いただけるシーンも出てきており、私個人としても大変嬉しく思っております。

そして何より、チームメンバー全員で同じトレーニングを受け、菊池さんのエッセンスを取り入れることで、共通言語が多く生まれ、相互にフィードバックできる土壌も培われてきています。この共通言語が日々の営業活動の中でも頻繁に使われることで、浸透・定着がより一層進むものと確信しています。以下、チームメンバーからメッセージを預かっており、紹介させてください。

・営業について私が抱えている悩み事を伝えた際に、「良かれと思ってお客様に同意しているかもしれないけれど、しったかぶりをすることでヒアリングの機会を逃してしまっている」というアドバイスをいただきました。それ以降少しでも腑に落ちないことは「なぜですか?」と尋ねるようになりました。その結果、面談まで進んでいただけるお客様が増え、月間売り上げの自己ベストも更新できました。何より商談が楽しくなり、日々の雑談力も向上した気がします。現在は、ロープレでアドバイス頂いた「開始数分で課題に辿り着くこと」に挑戦中です。もっとヒアリング力を上げていきたいので、来年もロープレでビシバシご指導いただけますと幸いです。

・以前、研修していただいて以降、やり方がだいぶ身についてきたようで、商談を通して「頭が整理されていい時間だった」と言っていただけることが増えました。何度もフィードバックいただいている「相手との感覚のズレや温度差の確認！　やることはそれだけ！」を徹底していきたいと思っています。

・法人営業の経験が浅い自分にとって、商談は不安を強く感じる時間でした。日々、ヒアリングの方法やマインドセットについて模索していた中で、具体的な方法をご教示いただき、格段に自分の商談力が成長したように感じております。ＫＰＩの良化はもちろんですが、各所でも「見違えるように変化した」「急に成長したのはどうしてかヒアリングさせてほしい」と言っていただける機会も増えました。ひとえに菊池さんの教えを徹底し続けていることに尽きると思っております。

・菊池さんから「使う言葉で人は変わる」とお話しいただいたことが、自分の中でとても印象に残っております。それまでの私にとって「変わること」は非常にハードルの高いもののように感じていましたが、「日常の言葉を意識する」というわかりやすい指標をいただき、自分の中で変わることに対するハードルが下がり、日々の取り組みにも活かすことができるようになりました。加えて、「お客様の一番の困りごとを捉えること」

がシンプルかつ重要なものだと理解し、今後の仕事に活かしていけたらと思っています。

・菊池さんの愛のムチで、臭いものに蓋をするようにして見過ごしていた自分の課題と向き合う機会ができました。

・新卒1年目から、菊池さんのロープレを受けることができているのはとても貴重な機会だと感じています。初めてアドバイスいただいた時のことを振り返ると、お客様と会話することすら慣れていない状況でした。「何から手をつければいいのか」と漠然としていた際に、「お客様が困っていることを話してくださった後は、より具体的な内容を深く聞く、この流れを徹底して、次までの宿題ね」とアドバイスをいただきましたね。この時を境に「解決しなければならない課題の順序」が見えてくるようになりました。まだまだ「お客様の状況を可視化するヒアリング」までは程遠いですが、着実に階段を上がっている実感があります。社会人の基礎中の基礎を作る今のタイミングでこのような機会をいただけていることが有難い限りです。「あなたと話して頭が整理された」と言ってもらえるよう、可視化のスキルを磨いていける様に頑張ります。

あとがき

発信者が何かを伝えようと思っても、自分が感じているほど伝わっていないことがままあります。伝わらなければ無かったことと同じ、ですよね？　可視化はこのギャップやミスマッチを超えて、魅力的な見せ方にして、確実に相手に届ける手段であると同時に、社内外の関係者・顧客の思考を整理しコミュニケーションのストレス軽減や議論の積み上げをサポートし、生産性向上を促してくれます。

例えば、

A：飛び込み営業を2年やりました。
B：飛び込み営業1万回やりました。

どちらのインパクトが強いでしょうか？　恐らくBですよね？
月間20営業日×1日20回飛び込みで月間400回飛び込み×2年で約1万回。ホットペッパーの営業なら誰でもやっていました。つまりAとBはほぼ同じ中身なのですが、可視化のフレーバーをまぶした伝え方にすることで相手の受け取り方が変わります。可視化の第一歩です。

最後の最後に、遠足に出かける前のチェックリスト風に、多くの顧客と会話する中で見えてきた「よくある悩み」を下記に羅列してみました。当てはまるものが多ければ多いほど、企業としての生産性は低い状況にあるかもしれません。また、眼前可視化の対象項目が多いということになるかと思います。項目は、経営層目線・メンバー目線を混ぜてあります。

✓レッツ チェック

□経営層の作る事業計画は正直、絵空事が多いと感じる
□当社は決めたことが続かない、やりきらないタスクが山積してしまう
□どの人もやるべきことが多すぎて、それに埋もれている、人が足りない
□経営層・マネジャーの指示が曖昧な割に、進行をプッシュしてしまう・される
□経営層・マネジャーが指示したことの成功失敗やその要因分析などの振り返りをしない

□評価査定の内容や根拠が曖昧で納得感がない
□この会社では何をどこまでやれば、どう評価されるのか？　が明確になっていない
□自分の仕事の責任範囲が不明確な人が多い
□飲むと仲いいが、仕事で組むとセクショナリズムや責任不明確などでギスギスする
□会議のメモは皆自分の手元で取っている、それを共有することはない
□会議の進行・議長役は主に若手がやっている
□今回の会議の終わりと次回会議の最初は同じことを喋っている

ここまでお付き合い頂き本当にありがとうございました。

人生3万日、一生に読める本の数も限られる中、手にとって頂き本当に嬉しいです。「可視化いいな！」と思って、実際やってみていただいた方と一杯酌み交わしたいですね。

もし、桜木町の野毛まで来ることがあれば、声かけてください（笑）、飲みましょう！

2024年1月　横浜の自宅にて

菊池明光　1978(昭和53)年、埼玉県生まれ。早大政経学部を卒業後、㈱リクルートに入社。13年間の勤務を経て退社後、ベンチャー2社を経て、2016年に㈱可視化を創業した。本書が初の著書となる。

Ⓢ新潮新書

1042

とにかく可視化《かしか》

仕事《しごと》と会社《かいしゃ》を変《か》えるノウハウ

著　者　菊池明光《きくちあきみつ》

2024年5月20日　発行
2024年9月20日　2刷

発行者　佐藤隆信

発行所　株式会社 新潮社

〒162-8711　東京都新宿区矢来町71番地
編集部(03)3266-5430　読者係(03)3266-5111
https://www.shinchosha.co.jp
装幀　新潮社装幀室

印刷所　錦明印刷株式会社

製本所　錦明印刷株式会社

ISBN978-4-10-611042-9　C0234